위즈덤하우스는
새로운 시대를 이끌어가는
지혜의 전당입니다.

단기속성

승진
병법

승진-직장인의 피할 수 없는 승부
단기속성 승진병법

초판 1쇄 인쇄 2008년 12월 18일   초판 1쇄 발행 2008년 12월 30일

지은이 박홍진 **펴낸이** 김태영

비즈니스 1파트장 신민식
기획편집 3분사_ 분사장 노창현 편집장 최수진 **책임편집** 강재인
1팀_ 박혜진 김영혜 2팀_ 강재인 3팀_ 김남중 디자인_ 이세호

마케팅분사_ 곽철식 이귀애
제작 이재승 송현주

펴낸곳 (주)위즈덤하우스 **출판등록** 2000년 5월 23일 제13-1071호
주소 서울시 마포구 도화1동 22번지 창강빌딩 15층 **전화** (02)704-3861 **팩스** (02)704-3891
홈페이지 www.wisdomhouse.co.kr
출력 엔터 **종이** 화인페이퍼 **인쇄·제본** (주)현문

값 12,000원   ISBN 978-89-6086-152-7 03320

*잘못된 책은 바꿔드립니다.
*이 책의 전부 또는 일부 내용을 재사용하려면
 사전에 저작권자와 (주)위즈덤하우스의 동의를 받아야 합니다.

국립중앙도서관 출판시도서목록(CIP)

단기속성 승진병법 : 승진-직장인의 피할 수 없는 승부 / 박홍진
지음 ─ 서울 : 위즈덤하우스, 2008
   p.; cm

ISBN 978-89-6086-152-7 03320 : ₩12000

성공 전략[成功戰略]
325.04-KDC4
650.1-DDC21   CIP2008003721

승진 - 직장인의 피할 수 없는 승부

• 박홍진 지음 •

위즈덤하우스

들어가는 말

  20년 동안 직장생활을 하면서 나는 수많은 기쁨과 좌절을 맛봤다. 그중에서 나를 가장 힘들게 한 것은, 회사원이라면 누구나 염원하는 승진이었다.
  직장인들의 가장 간절한 꿈, 승진.
  회사를 다니는 목적이 돈을 벌어 가족을 부양하는 것이라면, 그 목적을 가장 쉽게 이룰 수 있도록 해주는 수단이 바로 승진일 것이다. 직장인에게 승진이란 자아실현과도 직결되는 아주 중요한 문제다. 승진에 탈락한 사람들은 패배자가 되어 한때 동료였던 승자들의 삶을 부러운 눈으로 지켜봐야 하고 더한 경우에는 아직 팔팔한 나이에 직장을 잃게 되기도 한다. 직장을 잃는다는 것은 한 가정을 책임지는 가장의 입장에서 본다면 생사가 걸린 문제이다.

그랬기에 나 역시 승진을 하고자 최선을 다했다. 하지만 두 번에 걸친 실패를 맛보아야 했다. 회사의 특성상 세 번의 기회가 전부였기에 크게 좌절할 수밖에 없었다. 기회가 세 번이라고는 하나, 마지막 한 번은 남은 자들이 목숨을 걸고 치르는 전쟁을 의미했고 그 관문을 뚫는 것은 거의 불가능에 가깝다 할 만큼 어려웠다.

두 번째 실패를 경험한 후 혼자 차를 타고 정처 없이 낯선 길을 방황하던 때가 새삼 떠오른다. 그날은 자책감과 가족에 대한 미안함으로 죽고 싶다는 생각까지 들었다. 어머니와 통화를 하는데 설움이 복받쳐 올라 그만 눈물을 흘리고 말았다. 말없이 우는 아들에게 어머니는 떨리는 목소리로 믿는다는 말을 해주셨다.

승진에 탈락한 후 좌절을 극복하고 다시 일어선 것은 일주일이 지나서였다. 어차피 그만둘 회사가 아니라면 기운을 차리고 다시 시작해야 했다. 그리고 1년 뒤, 마침내 꿈에 그리던 승진을 하게 되었다. 밤새도록 결과를 기다리다가 승진이 확정되는 순간, 나는 비로소 마음껏 웃을 수 있었다.

    이 책에서 나는 승진이라는 목표를 이룰 때까지 내가 했던 일들과 평소에 생각했던 바를 정리했다. 외국의 사례를 들어가며 유명한 교수나 학자의 말을 인용하지 않은 이유는 대한민국에서 살아가는 직장인들의 피부에 직접 와 닿는 글을 쓰고 싶었기 때문이다.

    이 책이 승진 때문에 고민하는 당신에게 큰 도움이 되기를 바란다.

박홍진

昇進兵法
Contents

들어가는 말

Part 1   원한다면 목숨을 걸라   9
Part 2   실력과 능력의 차이   21
Part 3   계획한 대로 성공한다   35
Part 4   불청객이 아닌 귀빈이 되는 법   53
Part 5   복숭아 한 상자로 비싼 양주 이기기   71
Part 6   가장 가까운 곳에 열쇠가 있다   93
Part 7   동료가 존경하는 동료가 되라   111
Part 8   능력이 무르익을 때까지 기다리라   131
Part 9   상사의 속마음 들여다보기   145
Part 10   웃음에 운명이 갈린다   161
Part 11   성공의 전쟁터에서 가정을 지키는 법   175
Part 12   한번 빼어 들면 되돌릴 수 없는 마지막 카드   191
Part 13   승진, 또 다른 도전의 시작   217

글을 마치며

Part 1
원한다면 목숨을 걸라

A기업의 김 차장과 박 차장은 입사 15년차 동기다. 두 사람은 바쁜 업무 중간에 틈이 날 때면 휴게실에서 종종 회사 돌아가는 이야기를 나누곤 했다.

김 차장은 조용하고 여유로운 성격인 반면 박 차장은 활달하고 적극적이었다. 이렇게 성격은 다르지만 15년이나 한 회사에서 함께 버텨냈다는 동료의식이 두 사람을 가깝게 묶어주었다.

커피를 한 모금 마신 박 차장이 일주일 앞으로 다가온 승진 인사 이야기를 꺼냈다. 두 사람은 내년이나 되어야 승진 대상에 포함되지만, 해마다 이맘때쯤이면 회사 전체가 승진 문제로 술렁이곤 했다.

"어이, 김 차장. 자네 부서 성 차장은 이번에 진급하겠지?"

"당연히 그렇겠지. S대 출신에 능력 좋겠다, 더군다나 기획실이잖아."

"자네는 좋겠어. 성 차장이 빠지면 그 다음은 자네 차례잖아."

"그거야 자네도 마찬가지잖아."

"우리 처의 윤 차장은 자네 부서 성 차장하고 싸워야 되는데 그게 어디 쉽겠어?"

"그 양반 지방대 출신이라고 했지?"

"응. 그렇다고 능력이 특별히 뛰어난 것도 아니고… 통차에 밀리면 대책도 안 서는데 큰일이야."

"너무 걱정 마. 꼭 성 차장하고만 붙으란 법이 어디 있나. 듣자 하니까 올해 부장 승진 숫자는 열 명도 넘는다던데, 혹시 알아? 윤 차장이 진급할지. 그 사람, 능력은 몰라도 대인관계가 좋잖아."

"그렇긴 해도 본사에서 승진하는 사람 숫자는 제한되어 있으니까 성 차장을 이겨야 진급할 수 있어. 그러니 거의 불가능하다고 봐야지."

"뚜껑은 열어봐야 한다잖아. 이제 그만 들어가지. 이렇게 농땡이 치다가 걸리면 찍힌다고."

사실 박 차장을 짐짓 위로하는 척하는 김 차장의 속마음은 말과 달랐다. 스스로도 자신의 말에 현실성이 없다고 생각했지만, 어쨌든 자신은 다가오는 위험으로부터 한발 비껴서 있다고 판단했다. 때문에 차분하게 가라앉은 목소리와 달리 김 차장의 얼굴에는 밝은 기운이 감돌았다. 남의 불행이 나의 행복이라는 우스갯소리가 딱 맞는 상황이었다.

가볍게 자리를 털고 일어나는 김 차장과 달리, 담배를 비벼 끄며 일어서는 박 차장의 몸놀림이 무거웠다. 같은 부서의 고참이 진급에서 누락하게 되면 연쇄반응이 일어나 그 뒷사람의 순서도 밀리는 건 당연한 일이다. 순서가 밀린다는 것은 정신없이 발로 뛰는 실무자 생활을 1년 더 해야 된다는 것과 자신의 의지와는 상관없이 동기들과의 경쟁에서 한발 물러서게 된다는 것을 동시에 의미한다.

능력 없는 고참과 엮이다니 참 운도 없다 싶어, 쾌활하던 박 차장의 얼굴이 굳어졌다.

정확히 일주일이 지난 월요일에 승진 인사 발표가 났다.

김 차장과 박 차장은 뜻밖의 결과에 입을 떡 벌리고 말았다. S대 출신에 능력이 뛰어나다고 소문이 자자한 기획실의 성 차장을 제치고 재무처의 윤 차장이 당당하게 부장으로 승진한 것이다.

휴게실에서 다시 만난 두 사람은 일주일 전과 상반된 표정을 짓고 있었다.

"김 차장, 말 좀 해봐. 도대체 어떻게 된 거야?"

"뭘?"

"성 차장 말이야. 그런 사람이 왜 진급을 못했대?"

"휴우…."

"웬 한숨? 자네는 뭘 좀 알 거 아냐? 속 시원하게 말 좀 해봐!"

"아까 기획실장님이 우리 부장님하고 이야기하는 걸 들었는데, 성 차장은 윤 차장한테 밀린 거래."

"밀려? 성 차장이 윤 차장한테?"

"웃긴 얘기지만 사실이 그런 모양이야."

"윤 차장이 뭐가 있다고 성 차장을 눌러? 학교가 좋아, 능력이 좋아?"

"처음에는 나도 이해가 안 됐는데, 실장님 이야기를 듣고 보니 그럴 만도 하더군."

"아이고, 답답해라. 그러니까 왜 밀린 거냐고!"

"실장님 말로는 윤 차장을 진급시킬 수밖에 없었대."

"우리가 모르는 줄이라도 있었던 거야?"

"아니야."

"그럼?"

"윤 차장의 집념이 성 차장을 눌렀다고 하더군. 얼마나 악착같던지 우리 실장님까지 윤 차장을 찍었다나봐."

"아니, 데리고 있는 성 차장을 찍지 않고 윤 차장을 찍었다고!"

"찍어주지 않으면 죽을 것 같더래. 성 차장이야 능력이 있으니까 내년에 해도 된다는 생각이 들었다나."

"도대체 무슨 소린지 모르겠다. 좀 쉽게 말해봐!"

"그만큼 열심히 했다는 뜻이야. 한번은 집으로 윤 차장이 찾아왔는데 그 눈을 보니까 도저히 그냥 돌아가라는 말이 나오지 않더란다. 우리 실장이 그랬으니 다른 사람들은 오죽했겠냐."

"그러니까 자네 말은 윤 차장이 승진에 목숨을 걸었다

는 거야?"

"그래. 심사에 관련된 사람들을 어찌나 철저하게 관리했는지 성 차장은 게임도 안 되더래."

"푸핫…."

김 차장의 설명을 들은 박 차장은 거품을 물 수밖에 없었다. 부장으로 승진한 윤 차장은 A기업의 인맥구조로 봤을 때 완전히 비주류에 속하는 사람이었다. 지방 삼류대학 출신에 고향도 강원도라, 학연이나 지연과는 인연이 없는 사람이었다. 그런 사람이 오직 집념 하나로 승진을 했다니, 기가 막힌 일이었다.

● ● ● ● ● ● ● ● ● ● ●

당신은 얼마나 승진을 하고 싶은가?

승진의 모든 것은 오기와 집념에서 시작한다고 할 수 있다. 사람은 환경과 여건에 따라 생각이 달라진다. 그것은 회사뿐만 아니라 삶 전체에서 나타나는 현상이기도 하다.

내가 회사를 다니면서 많은 사람들과 대화를 해본 결과

승진에 대한 사람들의 의견은 크게 세 가지로 압축할 수 있었다. 그중 가장 많은 경우는 장래를 걱정하면서도 현실에 안주하는 태도였다. 좀더 구체적으로 말한다면, 가슴속에 미래에 대한 불안을 품고는 있지만 구체적인 계획을 세우지 않은 채 현실과 타협하며 살아가는 것이다.

나 역시 이와 비슷한 시기를 겪은 경험이 있다. 회사생활을 하는 모든 직장인은 승진에 대한 열망을 가진다. 그럼에도 승진을 위해 노력하지 못하는 것은, 여기에 따르는 압박감을 이겨내지 못하고 미리 포기하거나 자기만의 계획을 세우지 못하기 때문이다. 재미있는 것은 이런 사람들도 스스로 뭔가 잘못되었다는 것을 인식하면서도 그것을 고칠 생각을 하지 않는다는 점이다. 굳센 의지가 결여되어 마음과 행동이 따로 노는 격이다.

두 번째로 많은 유형은 승진에서 별 의미를 찾지 못하는 경우다. 이런 사람들은 행복을 일상의 여유와 만족감에서 찾는다. 승진을 하기 위해 겪어야 하는 고통을 무의미하다고 생각하며, 행복은 승진에만 있는 것이 아니라고 외치는 사람들이 바로 이들이다.

물론 그들의 철학이 전적으로 잘못된 것이라고는 생각

지 않는다. 가족을 부양할 수 있을 정도의 수입이 확보되었다면 굳이 자존심과 시간을 버리면서까지 승진을 위해 노력할 필요가 없을지도 모른다. 그 시간에 가정이나 자신을 돌보고 취미활동을 통해 진정한 행복을 추구하는 게 더 나을 수도 있다. 하지만 그렇게 했을 때 훗날 아무런 후회 없이 자신의 삶에 진정 만족할 수 있을지는 한번 생각해볼 문제다.

세 번째는 승진을 위해 모든 것을 거는 유형이다. 가장 드문 경우고 실제로 찾아보기도 힘들었다. 더군다나 이런 사람들은 속내를 잘 드러내지 않는다. 인터뷰를 할 때는 물론이고, 평상시에 편안한 대화를 나눌 때조차 승진에 대한 자신의 생각을 쉽게 입 밖에 내지 않는다. 그렇게 하는 데는 여러 가지 이유가 있겠지만 개인적으로는 경계심이 가장 큰 원인일 것이라고 생각해본다.

자신만의 영역을 구축한다는 것은 어떤 과정일까? A기업에서 승진의 영광을 안은 윤 차장은 분명히 남모르는 고통 속에서 가슴 깊은 곳에 품은 의지를 수없이 되새김질하며 자신을 채찍질했을 것이다. 그러면서도 다른 사람에게 자신의 생각과 행동을 결코 드러내지 않았다.

왜일까? 무언가를 위해 모든 것을 바치는 사람은, 그 노력이 노출되어 남들에게 견제받기를 원하지 않기 때문이다. 만약에 윤 차장이 남들 눈에 띄도록 행동했거나 자신의 상황을 공공연히 떠들고 다녔다면 수많은 견제가 따랐을 것이다. 그 대상은 경쟁자였던 성 차장이 될 수도 있고 다른 동료들이 될 수도 있다. 남들이 하지 못하는 것을 하는 사람에게는 극심한 질시가 따르는 것이 세상의 이치다.

고상한 자아실현 대신 치열한 자기만족을!

중·고등학교 시절, '도덕'이라는 우아하고도 고매한 과목에서는 직장을 다니는 가장 큰 이유가 자아실현이라고 가르쳤다. 자아실현? 단어의 뜻이 어렵고 명확하진 않았지만, 자아실현이라는 말 자체의 고급스러운 어감과 어떤 윤리적 의무감 때문에 나는 아무런 의심 없이 그 가르침을 진리로 받아들였다.

하지만 머리가 크고 사회를 알아가면서 나는 비로소 깨달았다. 자아실현이란, 어떠한 목적을 위해 행동함으로써 자기만족에 이르는 과정을 가리키는 아주 단순하고도 원

초적인 개념임을. 그 개념을 비싼 포장지로 감싸 휘황찬란하게 만든 것이 자아실현이라는 단어일 뿐이었다.

그러니까 직장에서의 자아실현 역시 자기만족과 다르지 않다. 직장에서 자기만족을 이루게 해주는 현실적이고도 구체적인 목표는 돈과 명예뿐이다. 그 밖의 어떤 것도 직장에 다니는 목적이 될 수 없다고 나는 확신한다.

재미있는 것은 돈과 명예의 상관관계다. 장사나 사업을 하지 않고 회사에 들어가는 그 순간부터 명예가 돈을 지배하는 아주 모순적인 현상이 발생한다. 회사에서의 명예는 직위에서 나오는 것이고, 높은 직위는 승진을 통해서 얻을 수 있으며 직위가 높을수록 많은 보수가 따른다. 그래서 승진을 회사 생활의 꽃이라고 말하는 것이다.

그런데도 많은 직장인들이 승진을 위한 방법을 몰라 앞서 말한 첫 번째 경우처럼 넋을 놓고 시간에 자신을 맡기고 있다. 아무것도 하지 않는 자는 원하는 것을 얻을 수 없는 법이다. 승진을 하기 위한 가장 중요한 첫걸음은 반드시 해내고 말겠다는 의지를 가슴속에 품는 것임을 잊지 말아야 한다.

내가 승진에서 두 번째 탈락했던 해에 있었던 일이다.

홍보실에 업무협의를 위해 찾아갔는데 그때 홍보부장이 나를 자리에 앉히고는 이런 이야기를 했다.

"자네 승진하고 싶은가?"

"그렇습니다."

"그렇다면 목숨을 걸어."

"그까짓 승진 때문에 목숨을 겁니까?"

"아직 멀었군. 이봐, 회사가 어떤 곳이라고 생각하나?"

"…."

"회사는 총성 없는 전쟁터야. 승진을 위해 목숨을 건다는 각오로 덤비지 않으면 쉽게 승진하기 어려울 걸세."

의미심장한 표정으로 씩 웃는 홍보부장을 향해 어색한 웃음으로 답변을 대신하며, 자리에서 일어나 홍보실을 나왔다. 그러면서 속으로는 웃기는 소리를 한다며 그의 말을 무시했다. 결국 나는 그해 승진에서 떨어지고서 서러운 눈물을 흘린 뒤에야 그 말이 어떤 의미였는지 알 수 있었다. 패배자가 되어 눈물을 흘리는 것보다는 목숨을 걸고 덤벼서 승자가 되어야 한다는 사실을.

Part 2
실력과 능력의 차이

기획실 회식자리는 언제나 시끌벅적한 데다가 1차로 끝나는 적이 한 번도 없었다. 오늘은 간만에 부서 회식이 있는 날. 성 차장은 내키지 않는 발걸음을 억지로 잡아끌며 사무실을 나섰다.

그는 S대 출신으로 머리가 명석해서 A기업에 입사한 이래 지금까지 주요부서에만 배치를 받은 사람이었다. 차장 진급시험도 35명의 동기들 중 가장 먼저 통과하여 역시 명문대 출신은 다르다는 소리를 들었다.

A기업의 사규에 따르면, 대리까지는 연차만 되면 그냥 승진하지만 차장 직급을 달기 위해서는 고과점수에 따라

서열이 정해진 사람들끼리 시험을 치러야 했다. 부장 이상은 또다시 고과에 따라 심사를 통해 승진하는 체계였다. 머리가 비상한 성 차장도 차장 자리에 오르기 위해 꼬박 1년을 공부해야 했으니 A기업에서 차장 직급을 달기란 정말 만만치 않은 일이었다.

차장이 되었을 때 그는 뛸 듯이 기뻤다. S대에 합격했을 때보다도 더 기쁘다고 아내에게 말했을 정도로 차장 진급은 감격 그 자체였다. 서른이 훌쩍 넘은 나이에 1년이라는 세월 동안 생고생을 했으니 그럴 만도 했다.

A기업 내의 쟁쟁한 경쟁자들을 제쳤다는 만족감 또한 그를 우쭐하게 했다. 국내 최고의 기업으로 손꼽히는 A기업이었기에 사원들 역시 엘리트 중의 엘리트들이었다.

그러나 사람은 환경에 적응하는 동물이어서인지, 차장으로 진급한 지 1년이 지나자 언제 그랬냐는 듯 기쁨은 사라지고 일에 대한 부담감만 점점 커져갔다. 과장과 차장의 차이는 무엇보다 일에 대한 책임감에서 두드러졌다.

과장 시절에는 위에서 시키는 일만 열심히 하면 일 잘한다는 소리를 들었으나 차장은 스스로 업무를 기획하고 그것을 보고해서 현실화해야 하며 그 결과에 책임을 져야 한다. 그런 세월이 7년 가까이 지나자 부장 승진이라는 새로운 과제가 눈앞으로 다가왔다.

주위에서는 그의 승진을 당연하게 여겼고, 아내조차도 당신이 아니면 누가 승진하느냐며 내년이면 부장 사모님이 된다는 말을 수시로 해댔다. 물론 스스로도 부장으로 승진하지 못한다는 생각은 해보지 않았다. 누구 못지않게 열심히 일해왔고 윗사람들에게도 능력을 인정받았기 때문이다.

하지만 한편으로 현실을 보면 결코 마음을 놓을 수가 없었다. 뛰어난 능력을 과시하던 선배들이 짚단 쓰러지듯 탈락하는 모습을 볼 때마다 부담은 점점 심해졌다.

그렇게 승진 심사까지 2년이 채 남지 않은 상황에서 서서히 긴장감이 높아지던 터라 성 차장은 회식자리가 썩 반갑지 않았다. 회식도 업무의 일환이라는 말이 있지만, 어찌되었든 그 자리가 불편한 것은 사실이었다.

남들보다 약한 주량도 문제였고 사람들과 허심탄회하게 속이야기를 나누지 못하는 성격 또한 문제였다. 더군다나 1차 술자리가 끝나고 어김없이 이어지는 2차 노래방은 그에게 지옥과 같은 곳이었다. 음치인 그가 마이크를 잡으면 사람들은 배꼽이 빠질 것처럼 웃곤 했다. 그럴 때마다 그의 자존심은 구겨졌다.

지금도 그는 맨 마지막으로 사무실 문을 나서고 있었다. 다른 직원들은 오랜만의 회식에 조금씩 들뜬 모습이었고 업무시간 종료를 알리는 음악이 흘러나오자마자 서둘러 자리에서 일어났지만 그는 최대한 늦게 책상을 정리했다. 물론 일부러 늦장을 부린 것은 아니었지만 무거운 마음 때문에 걸음도 느려졌는지 회식 장소에 도착했을 때는 회식 시작 시간인 7시가 조금 넘어 있었다.

회식장소는 기획실이 자주 가는 고깃집이었는데 벌써 기획실장이 일장연설을 하는 중이었다. 여간해서는 회식에 참여하지 않는 기획실장의 목소리가 들려오자 성 차장의 가슴이 한층 더 답답해져 왔다. 회사의 실세인 기획실장은 그에게 여간 어려운 존재가 아니었기에 기획실장을 볼 때마다 말까지 더듬게 되곤 했다.

이야기가 끝날 때까지 밖에서 기다리는데 뒤쪽에서 후배인 최 차장이 다가오며 입을 열었다.

"선배님, 뭐하십니까. 들어가시지요?"

"지금 실장님 말씀 중이잖아."

"뭐, 어때요. 여기는 회사가 아닌데요. 회식장소에서 연설한다고 못 들어갈 게 뭐 있습니까?"

최 차장이 껄껄 웃으며 팔을 잡아끌었기 때문에 성 차장도 어쩔 수 없이 방으로 들어섰다. 하지만 역시 섣부른 행동이었다. 기획실장이 한창 고조된 분위기에서 연설을 하다가 두 사람이 불쑥 방문을 열고 들어서는 바람에 맥이 끊겨 어색한 분위기가 연출되고 말았던 것이다.

탁자를 두고 양쪽으로 줄지어 앉아 있던 직원들의 시선이 두 사람에게 한꺼번에 쏠린 것은 물론이고, 기획실장도 눈살을 찌푸리며 그들을 쳐다봤다. 다행히 자리에 앉은 뒤에 기획실장의 말이 다시 이어졌고 사람들의 시선도 기획실장에게 향했다.

연설의 주제는 주로 회사의 경영에 관한 것이었고, 기획실이 주체가 되어 회사가 발전할 수 있도록 노력해야 한다는 것이 요지였다. 회식자리에는 그리 어울리지 않는 이야기였으나 그는 거리낌 없이 말을 마친 후 채워진 잔을 들어 건배를 외쳤다.

분위기가 무르익어 사람들의 목소리가 점점 커지고 기획실장 앞으로 수많은 술잔들이 들락거렸지만 성 차장은 조용히 앉아 고기만 집어들었다. 한참 술잔이 돌고 고기가 탈 때쯤, 얼굴이 붉어진 기획실장이 술병을 들고 자리에서 일어나 직원들 사이를 누비기 시작했다.

두주불사하는 술꾼으로 소문이 난 그가 다가오자 성 차장은 얼굴을 살짝 찌푸렸다. 소주 석 잔이 주량인 그는 이미 기획부장과 이 대리의 잔을 받은 터였고 방금 전 미스 황의 강권으로 어쩔 수 없이 마지막 한 잔을 더 마신 상태였다. 얼굴은 이미 붉게 달아올랐고 가슴도 울렁거려 더 마시면 분명히 토할 것 같았다. 하지만 한 자리 앞으로 다가온 기획실장의 눈이 자신을 향하고 있다는 것을 확인하고는 자리를 뜨지 못했다.

기획실장의 대작 상대는 성 차장이 마지막인 듯했다. 그래서인지 다른 사람들에게 했던 것과는 달리 음료수가 담겨 있던 맥주 컵을 비우고 거기에 소주를 가득 채웠다.

기획실장이 성 차장을 향해 잔을 들라는 듯 고개를 까닥였다. 당황한 나머지 잔에 손을 뻗지 못하고 멍하니 있는 성 차장을 보고는 기획실장이 입을 열었다.

"자네는 제일 늦게 왔으니 이건 벌주야. 마시고 내게도 한잔 주게."

"실장님, 저는 술을 잘 못합니다."

"술 못 마시는 사람은 없네. 그저 마시지 않는 거지. 사람마다 주량이 있다고들 하는데 나는 그렇게 생각하지 않아. 술이란 의지로 충분히 이겨낼 수 있는 것일세."

"저는 체질적으로 술이 받질 않습니다. 이해해주시기 바랍니다."

"체질? 어떤 체질 말인가?"

"제 주량을 넘으면 토하고 아무데서나 잠을 잡니다."

"푸하하… 어디 한번 보자고. 우리 성 차장이 그러는 걸 보고 싶군."

"실장님…."

기획실장의 갑작스러운 웃음에 놀라 성 차장이 쳐다보자 거짓말처럼 실장이 웃음을 멈췄다. 그의 눈빛은 이미 정갈하게 가라앉은 상태였다.

"자네, 내가 왜 이 자리에 앉았는지 모르는 모양이군."

"…."

"자네에게 해줄 말이 있어서일세."

"무슨 말씀을?"

"자네는 너무 경직된 자세로 직장생활을 하고 있더군.

그래서는 곤란하지. 자네가 명문대학 출신에 업무 능력이 뛰어나다는 건 잘 아네만, 그런 태도로는 곧 어려움을 맞을 걸세. 자네, 혹시 실력과 능력의 차이를 아는가?"

"…?"

"모르는 모양이군. 그 차이를 알지 못하면 자네는 승진하기 쉽지 않을 거야. 내가 이런 이야기를 하는 것은 자네가 아깝기 때문이야. 그러니 잘 생각해보라고."

실장은 성 차장의 어깨를 툭툭 쳐준 다음 미련 없이 자리에서 일어나 자신의 자리로 돌아갔다. 그런 기획실장을 성 차장은 멍한 눈으로 바라보았다.

실장이 준 과제, 실력과 능력의 차이는 과연 뭐란 말인가? 지금까지 한 번도 생각해보지 않았던 것이기에 성 차장은 실장이 따라준 술을 바라보며 생각에 잠겼다. 직원들의 술에 취한 웃음소리도, 앞으로 다가와 술잔을 권하는 동료의 목소리도 들리지 않았다. 귓가에는 오직 실장의 음성만 맴돌 뿐이었다.

실력과 능력의 차이에 대한 기획실장의 이야기는 무슨 뜻이었을까?

그 의미를 정확하게 파악하고 있는 사람이 있을지 모르겠다. 잘나가는 굴지의 A기업에서 기획실장이라면, 공채로 입사한 직원 중에서는 거의 최고의 실세라 할 수 있다. 그런 사람이 실없는 소리를 할 리는 없으니 분명한 의미가 있을 것이다.

실력이라는 단어를 사전에서 찾아보면 '실제로 갖추고 있는 힘이나 능력'이라 나오고, 능력은 '일을 감당해낼 수 있는 힘'이라고 나온다. 단순히 사전적 의미에서 그 차이를 파악할 수 있다면 대단한 사람이라 할 수 있을 것이다. 그만큼 실력과 능력의 차이는 미묘하다.

승진, 실력만으로는 충분치 않다

앞에서 예로 든 일화는 사실 내가 겪었던 일이다. 물론 구체적인 상황은 달랐으나 나 역시 그러한 질문을 받고 고민을 한 적이 있었다.

과연 실력과 능력의 차이가 뭘까? 한동안 고민하다가

결국 해답을 찾지 못하고서 질문 자체를 까맣게 잊어버린 채 10년 세월을 보냈다. 그런 후 승진이라는 과제에 직면하고 두 번의 실패를 겪은 뒤에야 그 차이를 명확히 알 수 있었다. 실력과 능력의 차이를 빨리 알수록 승진의 지름길이 가까워진다는 것을 나는 장담한다.

그럼 지금부터 실력과 능력의 차이를 알아보자.

실력이란 자신이 가지고 있는 지식의 힘이고, 능력이란 지식을 포함한 모든 힘이라고 보면 된다. 예를 들어, 공부를 잘하고 일을 잘하는 사람을 가리켜 실력이 있다고 하지 능력이 있다고 하지는 않는다.

사람에게 능력이 있는가를 판단할 때는 어떤 일을 성공적으로 해낼 추진력이 기준이 된다. 능력 있는 사람은 자신의 친화력과 인맥 등을 동원해서 목적을 달성하며, 때로는 그 과정에서 실력 있는 사람을 이용하기도 한다.

이것이 실력과 능력의 차이다. 이 가운데 승진하는 데 어떤 것이 필요할지는 굳이 말하지 않아도 쉽게 알 수 있을 것이다.

조직에서 고립되지 않으려면

A기업의 기획실장도 본인이 뼈저리게 느꼈던 이 부분을 일만 잘하는 성 차장에 말해주고 싶었을 것이다. 회식자리에서 성 차장은 상사의 심기를 불편하게 만드는 몇 가지 실수를 했다.

첫째, 약속된 시간에 늦어서 결과적으로 기획실장의 말을 끊었다. 아마도 실장은 성 차장이 불손하다 여기고 상당한 불쾌감을 느꼈을 것이다.

둘째, 성 차장은 기획실장에게 먼저 술을 권하지 않았다. 대한민국의 음주문화는 매우 특이하며 국민들 대부분이 그 문화에 깊숙이 물들어 있다. 술을 권하지 않은 것이 무슨 문제가 되느냐고 반문하는 사람이 있을지도 모르지만, 현실이 그러하다.

대한민국에서 술은 공동체의 결속, 혹은 통합의 의미를 지닌다. 술로써 동료의식을 높여 조직 내의 갈등을 없앤다는 사고방식이 어디에서 유래했는지 나는 알지 못한다. 하지만 분명한 것은, 잘못된 음주문화가 현재 우리나라의 리더 그룹을 형성하는 50~60대 연령층에 확고히 박혀 있다는 점이고, 그 잘못된 문화 중 하나가 아랫사람이 윗사람에게 먼저 술을 권해야 한다는 것이다.

잘못된 것을 바로잡는 문제와 성 차장이 당장 처한 상황은 엄연히 다르다. 당신에게 무한한 영향력을 행사할 수 있는 상사의 뿌리 깊은 관습을 무시하고 싶다면, 승진을 깨끗하게 포기해야 할 것이다.

셋째, 성 차장은 기획실장이 건네준 술을 마시지 않았다. 여기에는 음주문화뿐 아니라 조금 다른 성질의 문제가 엮여 있다. 물론 주량이 센 사람이 있는가 하면 술을 한 모금도 마시지 못하는 사람도 있다. 문제는 상사들의 경우, 본인이 권하는 술을 마시지 않는 것에 대해 무시당했다는 생각을 한다는 것이다.

이것은 아마도 군사독재 문화의 찌꺼기가 아직까지 사회 전반에 걸쳐 남아 있기 때문일 것이다. 군대에서는 상사의 명령이 곧 법이며, 이를 따르지 않을 경우 전쟁터에서 부하의 목숨을 뺏을 수 있을 만큼 그 법은 절대적이다. 때문에 상사들은 술 한잔이라도 자신의 명령을 거역하는 부하직원에게 심한 반감을 가지게 되며 그 직원의 충성심이 부족하다고 판단한다. 상사의 머릿속에 그 직원이 믿지 못할 사람으로 입력되는 것은 물론이다.

나는 대학교 1학년 때 처음으로 소주를 마시고서 저녁으로 먹었던 돼지갈비와 심지어 점심때 먹었던 라면까지 토해낸 적이 있었다. 집안 대대로 술을 잘 마시지 못했기에 나도 당연히 술이 약한 것이라 생각했고 그 뒤로는 웬만하면 술을 입에 대려 하지 않았다. 대학 내내 마셨던 소주의 양이 아마 세 병이 채 되지 않을 것이다.

그렇게 술을 못하던 내가 작년 여름 무려 여덟 잔의 폭탄주를 마시고 택배가 되어 집으로 실려온 적이 있다. 마셔야 되는 자리였기에 마셨고 몸이 버티지 못해 정신을 잃었으니 속수무책으로 집에 배달돼 올 수밖에 없었.

누군가 왜 그렇게 무모한 짓을 했느냐고 묻는다면 나는 웃으면서 이렇게 답할 것이다.

"대한민국이라는 사회에서 살아남기 위해."

그렇다. 대한민국에서 살아남는다는 것은 이토록 처절하다. 자기만의 힘으로 살아갈 수 있다면 얼마나 행복하겠는가. 하지만 조직에 얽매여 사는 사람들은 자기보다 남을 우선시해야 하며, 설혹 잘못된 관습과 생각일지라도 따라야 할 때가 있는 법이다. 그것이 승진과 관련된 일이라면 더더욱 그렇다.

기획실장이 성 차장에게 실력과 능력의 차이를 언급한 것은 아마 이 점을 말하고 싶었기 때문일 것이다.

승진이란 실력만 있다고 되는 것이 아니다. 능력을 키우지 못한다면 회사의 중역들은 당신을 승진시키는 데 주저하게 될 것이다. 인맥을 넓히고 누구나 호감을 느낄 수 있도록 친화력과 자연스러움을 키우라. 충성하는 법과 존경하는 법을 배워야 하며 타인을 배려하는 데 온 힘을 기울여야 한다. 그리고 그 기본에는 실력이 밑바탕되어야 한다는 것을 잊지 말라.

Golden Rule 02

승진이란 실력만 있다고 되는 것이 아니다. 능력을 키우지 못한다면 회사의 중역들은 당신을 승진시키는 데 주저하게 될 것이다.

Part 3
계획한 대로 성공한다

　강원도가 고향인 윤 차장은 삼류대학을 나왔으나 기적적으로 대한민국 초일류 기업이라는 A기업에 입사할 수 있었다. 사람들은 그런 그를 보고 운이 좋다며 부러워했고 집안에서도 타고난 사주가 좋다는 말로 그의 입사를 축하했다.
　하지만 그를 곁에서 지켜본 사람들은 윤 차장이 어떻게 A기업에 입사했는지 너무나 잘 알고 있었기에 감격에 겨워 눈물을 흘리는 그에게 조용히 뜨거운 성원을 보내주었다.
　"불꽃처럼 타오르자."

대학시절 한 평 반 남짓한 그의 자취방 벽에 붙어 있던 문구였다.

고등학교 시절 나쁜 친구들과 어울리다보니 공부를 등한시했고 그 결과 삼류대학에 들어갈 수밖에 없었다. 하지만 아버지가 돌아가시며 남긴 마지막 유언이 그를 완전히 다른 사람으로 변화시켰다.

"애비가 무능해서 너에게 잘해주지 못한 것이 한이 되는구나. 부탁한다. 너만은 나처럼 아들에게 고개 들지 못하는 아버지가 되지 말아라."

아버지의 유언을 들으며 그는 입술을 깨물었다. 초등학교 근처에도 가보지 못했던 아버지. 평생 가녀린 체구로 운전을 하며 가족을 부양했던 아버지의 시신 앞에서 그는 다짐하고 또 다짐했다. 아버지의 마지막 부탁을 반드시 들어드리겠다고.

그때부터 그는 2년 반 동안 하루에 네 시간 이상 자본 적이 단 하루도 없었다. 가슴속에 담긴 뜨거운 의지가 그를 그렇게 만들었다. 매일 새벽, 타서 부서지는 재가 되겠다는 각오를 새롭게 다지며 미친 듯이 공부에 매달린 결과, 일류대학을 나온 날고 긴다는 재원들만 입사하기로 소문난 A기업에 당당히 합격할 수 있었다. 공채시험에서 당당하게 차석을 차지한 그를 면접위원들도 차마 떨어뜨리지 못했던 것이다.

줄 없이는 살아남기 힘들다는 사회에서 학연, 지연, 혈연까지 줄이라고는 하나도 없는 윤 차장은 당당히 본사 재무처에 입성했다. 차석 합격이라는 타이틀이 있었기 때문에 가능한 일이었지만 여기에는 사장의 인사 철학도 한몫을 했다. 새로 부임한 사장은 신입사원의 성적을 확인한 뒤 상위 10퍼센트를 본사로 발령하도록 인사부장에게 명했던 것이다.

그러나 윤 차장에게 행운은 여기까지였다. 아무런 연줄이 없으니 자연스럽게 소외되기 시작했고, 엘리트 의식에 젖은 동료들은 그를 소 닭 보듯 했다.

처음에 그는 매우 실망했지만 결코 포기하지 않았다. 어차피 아무것도 가지지 않은 상태에서 시작했으니 여기서 더 이상 잃을 것이 없다고 생각했다. 거리를 두는 동료들에게도 그는 지치지 않고 밝은 모습으로 계속 다가갔다. 그렇게 정성을 기울이는 그를 동료들도 결국에는 따뜻한 마음으로 받아들였다.

이해관계로 얽인 줄이 없으니 윤 차장이 선택할 수 있는 것은 정으로 맺어지는 연뿐이었다. 하지만 직장생활에서 맺는 정이란 것은 그 깊이가 한정될 수밖에 없었다. 윤 차장은 인간관계가 좋은 사람, 유쾌한 사람이라는 평을 들을 수는 있었지만 언제나 주류에서 한발 물러난 채로 직장생활을 해야 했다.

입사 후 8년 만에 경쟁자들을 꺾고 차장으로 승진한 것은 순전히 그의 노력과 실력 덕분이었다. 차장 승진은 시험으로 결판이 나는 것이었으니 이렇다 할 줄 없는 그에게도 동등한 기회가 주어졌다. 결국 그는 최선을 다해 관문을 돌파했다. 그리고 차장으로 승진한 지 7년이 지나 그는 다시금 거대한 장벽에 가로막혀 새카맣게 가슴을 태우는 중이었다.

눈앞으로 다가온 부장 승진. 차장 자리에는 오로지 자신의 실력만으로도 오를 수 있었지만 부장이라는 자리는 그렇지가 않았다. A기업의 부장이라면 중견 간부에 속하므로 필기시험만으로는 충분치 않다는 내부 의견이 심사제도란 것을 만들어냈다. 하지만 심사제도는 원래의 취지와는 다르게 줄이 있는 자들을 위한 요람으로 변질된 상태였다.

A기업을 장악하고 있는 일류대학 출신들은 자신들의 후배를 위해 사력을 다했고, 지연으로 뭉친 임원들 역시 자신의 세력에 근간이 되는 같은 지역 출신들을 진급시키기 위해 노력했다. 그런 상황이었으니 아무런 줄도 없는 윤 차장은 암담함을 느낄 수밖에 없었다.

앞으로 2년 후에는 부장 진급이라는 거대한 산을 넘어야 하는데 도무지 돌파구가 보이지 않았다. 그렇게 고민하던 차에, 그는 몇 년 전 비주류임에도 부장으로 승진한 홍보실의 강 부장을 찾아갔다.

강 부장 역시 줄이라고는 눈을 씻고 찾아봐도 없는 비주류 중의 비주류였다. 그가 부장으로 승진했을 때 사람들은 경악했고 무수한 소문이 퍼져나갔다. 그가 사장과 친척지간이라는 소문에서부터 정치계에 엄청난 '빽'이 있다는 소문까지 한바탕 회사를 휩쓸었다. 하지만 강 부장은 그런 소문에 대해 일언반구의 반응도 하지 않았고, 그의 승진은 아직까지도 미스터리로 남아 있었다.

홍보실 문을 열고 들어간 윤 차장이 주저하는 걸음으로 다가가자 직원에게 열심히 업무 지시를 하던 강 부장의 눈빛에 의외라는 기색이 어렸다. 윤 차장과 강 부장은 업무의 특성상 만날 일이 거의 없어 복도를 오가다 마주친 것이 전부였기 때문이다.

"날 만나러 온 건가?"

"그렇습니다, 부장님."

"무슨 일이지?"

"드리기 어려운 말씀을 드리려고 왔습니다. 죄송하지만 괜찮으시다면 오늘 저녁에 시간 좀 내주실 수 있겠습니까?"

"음, 그렇게 하지."

그날 저녁 두 사람은 회사 근처의 일식집에서 마주하고 앉았다. 월급쟁이 사정에 고급 일식집에서 식사를 한다는 것은 상당히 부담되는 일이었지만, 상사를 모시고 조용하게 이야기할 수 있다는 이유만으로 윤 차장은 망설임 없이 이곳을 선택했다.

그는 자칫 어색해질 수 있는 자리를 특유의 넉살과 재치로 유쾌하게 이끌었다. 강 부장 역시 화통한 사람이었기 때문에 둘의 술자리는 금방 화기애애하게 달아올랐다. 분위기가 무르익자 윤 차장은 비로소 정말 하고 싶었던 이야기를 꺼냈다.

"부장님, 사실 오늘 뵙자고 한 것은…."

"호오, 이제 본론이 나오는 모양이군. 그래 뭔가?"

"사실은 부장님께 배우고 싶은 게 있어서 모셨습니다."

"나한테 배울 게 있다?"

"그렇습니다. 제가 벌써 차장 7년차입니다. 이제 조금 있으면 부장 진급 서열에 들 군번 아닙니까. 부장님께서는 저에 대해 잘 모르시겠지만 저는 부장님처럼 완전히 비주류입니다. 출신 학교도, 지역도 기댈 게 하나도 없습니다."

"그래서?"

"부장님께서도 저와 같은 처지였다는 걸 들어서 알고 있습니다. 부장님, 저는 차장으로 끝내고 싶지 않습니다. 진급할 수 있는 비법을 좀 가르쳐주십시오."

"하하하… 이 사람 이거, 완전히 도둑놈 심보구먼."

"예?"

"자네, 회 한 접시에 너무 비싼 정보를 원하는 거 아닌가?"

"죄송합니다. 하지만 부장님을 모시려고 제 딴에는 엄

청난 용기를 냈습니다. 부탁드립니다."

"넉살 한번 좋군. 하지만 이 정도 접대 가지고 한꺼번에 배울 생각은 말게."

"부장님, 그러면 이번에는 오늘 이 회 값만큼만 가르쳐주십시오. 제가 수시로 자리를 마련해서 노하우를 전수받겠습니다."

"좋아, 그럼 회 값을 하지. 승진을 하고 싶으면 당장 승진계획서를 써보게."

"승진계획서라뇨?"

"차장 7년차라면 2년 정도 남았군. 내 말은 그 2년 동안 자네가 해야 할 일들을 준비하란 말일세. 미리 계획서를 써서 그 계획을 차근차근 시행할 수 있도록."

"계획서는 어떻게?"

"어허, 이 사람아. 그건 이 정도 회 가지고는 안 돼."

"부장님, 외상 좀 그어주십시오. 다음번에는 정말 좋은 곳으로 모시겠습니다."

"내 신조 중에 하나가 외상금지야."

"부장님!"

"흠… 좋아, 가르쳐주지. 하지만 외상이라는 거 꼭 기억해야 하네."

"알겠습니다. 머릿속에 확실하게 입력시켜놓겠습니다."

"그렇다면 지금부터 계획서에 들어가야 하는 내용을 말해주지…."

강 부장은 지금까지의 장난스러움을 거두고 천천히 이야기를 시작했다. 그의 입에서 흘러나온 이야기를 윤 차장은 수첩을 꺼내 꼼꼼하게 기록하기 시작했다. 인생 선배이자 회사 선배의 살아 있는 경험이 담긴 귀한 이야기를.

● ● ● ● ● ● ● ● ● ● ● ●

미래를 준비하는 첫걸음, 승진계획서

승진계획서라는 말에 웃음을 짓는 사람도 있을 것이다. 하기야 나도 처음에는 기가 막혀 절로 웃음이 나왔으니 충분히 이해할 만하다.

그러나 진정으로 승진하고자 하는 사람은 웃음을 거두고 강 부장의 말을 반드시 명심해야 한다. 모든 일의 시작은 계획의 수립에 있고 승진 또한 마찬가지이기 때문이다.

계획이 서 있지 않은 사람은 어떤 일을 해나가면서 중간에 포기하기도 하고, 처음에 가졌던 마음과는 달리 엉뚱한 방향으로 나아가기도 한다. 그렇기 때문에 승진에 있어서도 승진계획서가 중요한 것이다.

자, 그럼 지금부터 계획서에 들어갈 내용을 하나씩 찾아보자. 계획서에는 어떤 것들이 들어가야 하는가?

승진계획서의 두 가지 필수요소

첫째, 실력을 키울 수 있는 계획을 수립하라. 회사라는 조직의 가장 중요한 특성은 스스로 맡은 일에 대해 성과를 내야 한다는 것이다. 일을 충실히 해낼 수 있을 만큼 실력을 키우지 못한다면 아무 소용이 없다.

실력을 키우라는 말에는 여러 가지 의미가 담겨 있다. 직장생활을 10년 이상 하게 되면 누구든 해당 분야에서 어느 정도 전문성을 갖게 된다. 하지만 남들만큼 아는 것과 독보적인 전문지식을 확보하는 것에는 하늘과 땅만큼의 차이가 난다.

이 글을 읽는 독자들은 각기 다른 전공으로 다양한 분야에 몸담고 있을 것이다. 전공이 다르고 처한 환경이 다른 사람들 모두에게 일괄적으로 적용할 수 있는 법칙은 없다. 내가 해줄 수 있는 말은 각자의 환경에 맞춰 실력을 기를 수 있는 방안을 스스로 계획하고 실행에 옮겨야 한다는 것뿐이다.

하지만 이것 한 가지만은 이야기하고 싶다. 현대는 정보화 사회이고 앞선 정보를 먼저 획득한 사람이 실력 있다는 평가를 받게 된다는 점이다. 지금도 서점에는 각 분야의 최신 정보를 담은 서적들이 쏟아져 나오고 있다. 그런 책들을 포함하여 각종 정보에 눈을 돌릴 때 실력 있는 사람이 된다는 것을 명심하라.

우리나라 사람들의 1년 독서량은 열 권이 채 안 되며 순위로 따지면 세계 160위권이다. 갤럽조사에 의하면 그나마 읽은 책도 대부분이 소설과 수필이라고 답했다 하니, 전공서적을 읽는 사람은 그만큼 희박하다는 뜻이다. 남들이 잘 하지 않는 일을 하는 사람은 자연스럽게 다른 사람과 차별화될 수 있다.

승진계획서의 첫머리는 당신의 실력을 키우는 일로 채워야 한다. 학원을 다녀도 좋고 자격증을 따는 것도 좋지만, 거기에 덧붙여 반드시 전공과 관련된 서적을 꾸준히 읽도록 결심하라. 자신의 상황에 맞도록 책의 권수를 정하고 그만큼은 무슨 일이 있어도 채우겠다는 자세가 필요하다.

인맥을 넓혀라

둘째, 인맥을 넓히는 계획을 수립하라. 실력이 기본이라면 인맥관리는 필수다. 특히 대한민국에서는 실력보다 인맥이 더 큰 역할을 하는 경우가 많다. 학연이나 지연, 혈연이 그리 탄탄하지 않은 사람에게 인맥은 생명줄과 다름없다. 태어날 때부터 형성되는 관계는 가족이나 친지뿐이다. 그 밖의 모든 인맥은 자신이 살아가는 형태에 따라 그 흐름이 형성되고 결정된다. 학연이나 지연은 그중 일부에 불과한 것이다.

때로는 학연이나 지연으로 맺어진 사람이라 해도 자신에게 그리 특별한 영향을 미치지 못하는 경우가 많다는 것을 잘 알 것이다. 같은 학교를 나왔다고 해서, 같은 고향 출신이라 해서 무턱대고 밀어주는 사람은 거의 없다. 이 말의 의미를 잘 생각해보아야 한다. 누구든 자신에게 정성을 쏟는 사람과 그렇지 않은 사람을 명확하게 구분하게 마련이다. 특별한 경우를 제외한다면 이는 모든 사람하게 해당하는 본성일 것이다. 즉 정성과 관심이 바로 인맥관리의 핵심이다.

자, 그렇다면 승진을 하고 싶은 당신이 어떤 사람을, 또 얼마나 많은 숫자를 관리해야 하는지 생각해보자. 그리고 이것을 언제부터 시작해야 하고, 또 어떻게 해야 하는가도 중요한 문제다.

먼저 어떤 사람을 관리해야 하는가? 그 답은 사실 나보다 이 글을 읽고 있는 당신이 더 잘 알 것이다. 이 글을 읽는 당신의 목적은 분명히 승진에 있다. 그렇다면 당신의 승진에 영향력을 미치는 사람이 바로 당신의 타깃이다. 어쩌면 쉬운 이야기라고 생각할지 모르지만 실제로는 결코 그렇지 않다.

나는 수많은 사람들이 승진과 관련 없는 대상에게 헛심을 쓰는 것을 많이 봐왔다. 아마도 그들은 그 사람들이 자신의 승진에 지대한 영향을 미칠 것이라고 판단을 했을 것이다. 이렇게 핵심 인물을 제대로 관리하지 못한 결과는 반드시 실패로 나타난다.

그들은 왜 엉뚱한 사람을 관리 대상으로 삼는 오류를 범했을까? 정확히 분석을 하지 않고 그냥 대강 떠오르는 감에 의해 판단했기 때문이다. 목표로 삼을 대상은 혼자만의 생각으로 정해서는 안 되며, 여러 경로를 통해 꼼꼼히 정보를 수집해야 한다. 나의 경우에는 두 가지 방법을 사용했다.

먼저 직전 연도를 포함하여 몇 해에 걸친 심사위원의 신상정보를 파악하고 분석했다. 경우에 따라 다르지만 회사마다 심사위원을 정하는 기준은 분명히 존재한다. 출신 학교, 지역, 근무 부서, 진급 연도에 관한 정보를 수집하고 분석하면 해당 연도의 심사위원 대상을 어느 정도 압축할 수 있을 것이다.

다음으로, 회사에서 크게 성장할 가능성이 있는 인물들을 가려내어 관리를 해야 한다. 그런 인물들은 언제고 당신에게 큰 영향을 미치게 될 것이다. 이 차세대 주역들은 가까운 미래에 심사위원의 위치에 오를 수 있는 사람들이다. 특히 2년이나 3년 앞을 내다보는 경우에는 이 사람들의 관리가 대단히 중요하다. 물론 코앞에 승진 심사가 닥친 사람들도 이들을 간과해서는 안 된다. 한 번 실패할 경우와 장래를 대비해서 반드시 관리해야 할 대상이 바로 이들이기 때문이다.

그럼 관리 대상의 우선순위와 숫자는 어떻게 정할까? 범위가 어느 정도 압축되었다고 해서 그들 모두를 관리할 수는 없는 일이다. 그렇기 때문에 나름대로 우선순위를 정하여 관리할 숫자를 제한하는 것이 효율적이다. 사회생활을 할 때 인맥관리는 가급적 폭넓게 하는 것이 좋을 테지만 승진에 있어서는 결코 그렇지 않다. 선택과 집중이 훨씬 효과적일 수 있다.

어느 영화의 주인공은 이렇게 말했다. "나는 한 놈만 패!" 참 재미있는 말이다. 여러 사람 가운데 하나를 집중적으로 공략하는 것은 싸움을 할 때뿐 아니라 승진을 위한 인맥관리에도 적용해야 하는 법칙이다. 대충 안면을 트는 정도의 인맥관리는 승진에 아무런 도움이 안 된다. 당신의 경쟁자 편 사람들에 맞서서 인상을 쓰며 언성을 높일 수 있을 정도로 확실한 '내 편'을 만드는 것이 바로 당신이 할 일이다.

그런 의미에서 나는 관리 대상의 숫자가 열 명을 넘으면 안 된다고 생각한다. 그것은 조직에서도 마찬가지다. 열 명이 넘으면 효율적인 관리가 어려워져 관리자가 버거움을 느끼게 된다. 그 사람들을 완전한 팬으로 만드는 순간, 당신은 그 열 배에 달하는 인원을 관리하는 효과를 거두게 될 것이다.

그럼 이제부터 관리 대상의 우선순위를 정하는 법에 대해 알아보자. 앞서 이야기했던 것처럼 사람은 누구나 살아가면서 자의적, 타의적으로 타인과 관계를 맺는다. 대표적인 것이 바로 학연이고 지연이며 직장연이다. 여기서 자신이 가진 것을 버리고 새로운 인연을 만드는 것처럼 어리석은 일은 없다. 어떤 식으로든 자신과 관련된 사람들이 첫 번째 우선순위가 되어야 한다. 그런 뒤에 대상에 오른 다른 사람들 중 영향력 있는 인물들로 나머지 부족한 부분을 채우라. 이것이 인맥관리 대상을 선정하는 가장 좋은 방법이다.

자, 지금까지 숟가락으로 밥을 뜨는 방법을 이야기했으니 이제 먹는 일이 남았다. 지금부터는 어떻게 먹어야 가장 맛있고 소화가 잘될 수 있는지에 대해서 말해보겠다. 바로 효율적인 관리 방법에 대한 이야기다.

인맥을 관리하는 방법은 수없이 많겠지만 크게 분류하면 다음 세 가지로 꼽을 수 있다.

1. 직접 만나기
2. 전화를 통해 간접적으로 접촉하기
3. 선물로 마음을 전달하기

어떠한 인맥관리 서적에서도 이 세 가지 범주에서 벗어나는 방법을 제시하는 것을 나는 한 번도 보지 못했다. 그러니까 위에서 말한 세 가지가 인맥관리 방법의 모든 것이라고 보면 된다. 승진을 위한 인맥계획서는 여기서부터 출발한다.

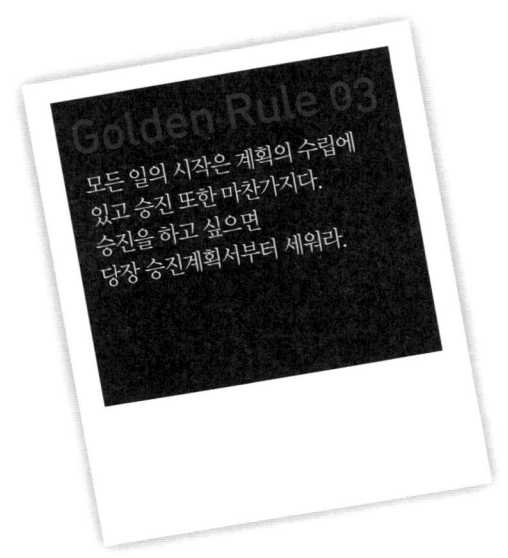

Part 4
불청객이 아닌 귀빈이 되는 법

　　인사동의 한 카페. 강 부장과 윤 차장은 술이 얼큰하게 올라 벌겋게 된 얼굴로 대화를 하고 있었다. 1차로 돼지갈비에 소주를 각자 한 병씩 마셨고 이곳에 와서도 양주를 한 병 시켜 나눠먹고 있는 중인지라 두 사람은 서서히 혀가 꼬부라지고 있었다.

　　"형님, 말씀대로 승진계획서는 꼼꼼하게 작성했습니다. 커억… 그런데요, 이거 해보니까 보통 배짱으로는 어렵겠던데요."

　　"어려워? 뭐가?"

　　어느덧 호칭을 바꿔 부르는 윤 차장을 바라보며 강 부장이 재미있다는 표정을 지었다. 그의 얼굴에는 장난기가 가득 배어 있었다.

"아, 말하기도 창피하네요."

"너, 아직도 내가 어렵냐?"

"아뇨."

"그런데 뭐가 창피해?"

"그냥 좀 부끄러워서 그렇습니다."

"잘하는 짓이다. 마흔이 가까운 놈이 부끄럽긴 뭐가 부끄러워!"

"하여간 형님 시킨 대로 다했는데 막상 실행하려고 하니까 쉽지가 않더라고요. 물론 저 혼자 공부해야 하는 전공 서적은 이미 사서 읽고 있는 중입니다만 사람들을 만난다는 것이 통….”

"허허… 천하의 윤 차장한테도 어려운 게 있구먼."

"생각해보십시오. 그 사람들은 회사에서 날고 긴다는 인재들 아닙니까."

"얼씨구."

"그 사람들 대부분이 저하곤 일면식조차 없다고요. 그런 사람들을 불쑥 찾아간다는 게 어디 쉽겠습니까?"

"그럼 쉬울 거라고 생각했어?"

"형님, 무슨 비법이라도 있습니까? 있으면 좀 가르쳐주십시오."

"그런 고급 정보를 이런 카페에서 싸구려 양주나 사는 놈한테 내가 가르쳐줄 것 같아? 어림도 없다. 암, 어림도 없어!"

"형님, 정말 이러실 겁니까!"

"야, 그리고 너 오늘 사는 건 지난번 외상값 갚는 거라고. 자꾸 공짜로 비싼 강의 들으려고 하면 난 그만 갈 거다."

"좋습니다. 가르쳐주시면 다음에 정말 좋은 데로 모시겠습니다."

"정말이냐?"

"그럼요. 저 배포 큰 놈입니다."

"흠… 그렇다면 다시 생각해보지."

"에이, 정말 왜 그러세요. 그만 빼시고 이제 좀 가르쳐주세요."

"야, 인마. 그런 표정 짓지 마. 징그러워."

윤 차장이 살려달라는 표정으로 손을 부여잡자 강 부장

이 기겁을 하며 소리를 빽 질렀다. 그러고는 눈을 게슴츠레 뜨며 천천히 입을 열었다.

드디어 강 부장의 입에서 중요한 이야기가 나온다는 것을 눈치챈 윤 차장의 얼굴도 슬며시 진지하게 굳어졌다. 지난번에 중요한 이야기를 꺼낼 때 그랬던 것처럼, 이번에도 강 부장은 자세를 바로 했다. 윤 차장은 그 모습을 바라보며 침을 꿀꺽 삼켰다.

"네가 어렵게 생각하는 것도 어쩌면 당연한 것일지 모른다. 생각해봐라, 한 번도 만나보지 못한 사람이 불쑥 찾아오면 누가 반갑게 맞아주겠어. 그리고 네가 얼굴 가죽이 아무리 두꺼워도 그런 짓은 하면 안 돼. 그런 짓은 바보나 하는 거야."

"왜 그렇죠?"

"일단, 그 사람들은 회사의 정점에 서 있어. 사전 약속이 습관화된 사람들이지. 아마 네가 불쑥 찾아갔다면 그 사람들 중 한두 명 정도나 간신히 만날 수 있었을 거야."

"음… 그렇겠군요."

"그리고 만난다 해도 너는 목적을 이룰 수가 없어. 괜히 시간만 낭비하는 거야."

"형님이 만나야 된다고 했잖습니까!"

"너, 정말 바보냐?"

"이거 왜 이러세요. 이래 봬도 제가 입사 때 차석으로 합격했다구요."

"운이 좋았던 모양이네."

"쩝… 정말 저를 물로 보시는군요."

"물로 볼 수밖에. 잘 생각해봐. 네가 만약 그 사람들 위치에 있다면 불쑥 찾아오는 새까만 차장을 어떻게 대할 것 같으냐?"

"음….."

"일단 찾아왔으니 아주 모른 체하지는 않겠지. 하지만 그게 다일 거다."

"설마, 차도 안 주겠습니까?"

"왜 줘야 된다고 생각하나?"

"사람이 찾아왔는데 그 정도는 예의 아닙니까?"

"웃기는군. 야, 인마, 정신 차려. 너는 불청객이고 그 사람들 입장에서는 상대할 가치도 없는 놈이야. 시간도 없는 사람들이 미쳤다고 차를 대접하겠어!"

"그런가요? 그럼 어떻게 해야….."

"잘 들어. 지금부터 어떻게 해야 그 사람들이 웃는 얼굴로 너를 맞아들일지 알려줄 테니까."

"귀 씻었습니다. 말씀하십시오."

"그 사람들 중에는 네 이름을 아는 경우도 있고 모르는 경우도 있을 거야. 그렇지?"

"그렇습니다. 반 정도는 알고 반 정도는 이름도 모를 겁니다. 그리고 아는 분들도 대부분 그냥 제 이름 정도만 들어봤을 거예요. 그러고 보니 저도 참 웃긴 놈이네요. 어떻게 직장생활을 15년이나 했는데 그 정도밖에 안될까요?"

"하하하, 이제야 주제 파악이 좀 되냐?"

"휴….'

윤 차장은 강 부장의 말에 깊은 한숨을 내리쉬었다.

생각해보니 부장 진급을 하겠다고 잔뜩 벼르고만 있었지, 직속상관인 재무이사를 빼면 제대로 아는 임원진 하나 없었다. 한편으로는 부끄럽고 한편으로는 자신이 한심해서 연속으로 한숨이 흘러나왔다. 강 부장은 그런 윤 차장의 어깨를 갑자기 철썩 내리쳤다.

"인마, 기죽은 거야?"

"아닙니다. 그런데 쪽팔리네요."

"쪽팔릴 거 없어. 당연한 거니까."

"당연하긴 뭐가 당연해요. 한심해 죽겠는데."

"그럼 새카만 졸병이 어떻게 하늘같이 높은 임원들과 터놓고 지내겠냐. 그래도 너는 대단한 거야. 임원들이 네 이름을 반이나 알고 있다면 네 평소 행동이 괜찮았다는 거니까."

"그게 대단하다고요?"

"내일 가서 네 또래의 차장들한테 물어봐라. 아마 그놈들 입에서 나온 한숨에 바닥이 무너질 테니."

"위로해주시려고 그러는 거 아니죠?"

"자식, 나도 네가 찾아오기 전에 네 이름 알고 있었다."

"정말입니까?"

"그래, 너희 부서 부장이 나랑 동기야. 그놈이 네 이야기를 하더라. 성격 진짜 좋다고."

"하하… 제가 한 성격 하긴 하죠."

"얼씨구! 고새 기가 살아 가지고 큰소리를 치네."

"형님 닮아가는 모양입니다."

"하여간 성격 하나는 정말 좋네."

"형님, 그만하고 이제 말씀해주십시오. 어떻게 하면 그분들이 저를 반갑게 맞아주는 겁니까?"

"인지상정이라는 말이 있다. 그 말의 뜻을 알아?"

"사람이면 누구나 가지는 보통의 마음이라는 뜻입니다."

"그래, 바로 알고 있군. 바로 그게 이 문제를 푸는 핵심이야."

"잘 모르겠습니다. 쉽게 말씀해주십시오."

"사람에게는 정이란 게 있어. 특히 우리나라 사람들은 정에 약하지. 그걸 공략해야만 그 사람들에게 환대를 받는 법이야."

"그러니까 그 방법을 가르쳐달라니까요!"

"어, 너 소리쳤어. 나 말 안 한다."

"형님!"

"아이고, 오래 이야기하니까 목이 마르네. 술도 다 떨어져가고 집에나 갈까 보다."

강 부장이 빈 술병을 흔들어 보이며 엉덩이를 들썩이자, 윤 차장은 울며 겨자 먹는 심정으로 양주 한 병과 안주를 더 시키고는 강 부장의 빈 잔을 공손하게 채웠다. 윤 차장도 제법 술을 하는 편이었는데 강 부장은 그보다 한 수 위였다.

강 부장의 입이 마침내 열린 것은 술이 한 바퀴 돌아 다시 강 부장의 잔이 채워졌을 때였다.

"내가 인맥관리 방법으로 세 가지를 말해줬어. 그렇지?"

"예, 그렇습니다."

"말해봐."

"직접 만나는 방법, 전화로 안부를 전하는 방법. 선물을 하는 방법입니다."

"그래, 잘 알고 있군. 그럼 어떤 것을 먼저 해야 하지?"

"그건….”

"네가 꼬인 건 바로 그 부분 때문이야. 걷지도 못하는 놈이 뛰려고 했으니 제대로 될 리가 있나."

"음… 그렇군요. 이제 조금 알 것도 같습니다."

"알겠어? 그럼 집에 갈까?"

"가긴 어딜 갑니까. 이렇게 술이 많이 남았는데."

"술을 남기면 안 되지. 좋아, 지금이 11시니까 30분만 더 있다 가자."

"그러시죠."

"그럼 시간이 얼마 없으니 빨리 말해주지. 대충 눈치챘겠지만 순서는 전화부터야. 선물이 두 번째고 찾아가는 게 세 번째. 이유까지 말해줘야 되나?"

"이왕 하신 거, 마저 하시죠. 하다 말면 제가 또 엉뚱한 짓 할지 모르잖아요."

"너 머리 좋다며?"

"형님 만나고 머리 나빠졌습니다. 그러니 빨리 말씀하세요. 안 그러면 집에 안 보내드릴 겁니다."

"협박이냐?"

"협박 맞습니다."

"이런 놈 하고는. 좋아, 말해주지. 전화를 하고 난 다음에 선물을 보내면 네가 다시 한번 전화를 했을 때 정확하게 네 이름을 기억할 거야. 그렇지?"

"그렇겠죠."

"전화를 받은 사람은 네 방문을 허락할 거고?"

"그럴까요?"

"하하…."

질문을 해나가던 강 부장이 고민스러운 얼굴로 반문하는 윤 차장을 보며 크게 웃음을 터트렸다. 하지만 윤 차장은 강 부장의 행동을 이해하지 못하고 두 눈만 껌뻑였다.

"왜 웃으시는 겁니까?"

"가만히 보면 순진한 구석이 있단 말이야. 그래서 웃었다. 그 존경심에 찬 눈빛도 재미있고."

"형님 때문에 정신이 들락날락 합니다."

"어떤 미친놈이 선물 한 번, 전화 한 번에 간을 내주겠냐. 너 같으면 그러겠어?"

"그럼 어떻게 합니까?"

"그래서 인맥관리는 정성이라는 거야. 선물과 전화하는 타이밍, 연속성과 정성이 결합되지 않으면 그 사람들은 끝내 난공불락이 되어 너를 괴롭힐 거야."

"연속성과 정성이라. 여전히 오리무중인데요."

"잘 들어. 네가 승진계획서를 어떻게 작성했는지 나는 보지 못했지만 아마 많은 부분을 수정해야 할 거야."

"이럴 줄 알았으면 가져올 걸 그랬습니다."

"아니, 가져왔어도 나는 안 봤을 거야. 그런 건 보는 게 아니니까. 대신 내 이야기를 듣고 거기에 맞춰서 고쳐라."

"알겠습니다."

"선물에는 타이밍이 있고 전화하는 데도 방법이 있어.

그게 얼마나 중요한지 지금부터 이야기해주마. 내 얘기를 들으면 승진계획서를 왜 고치라는 건지 충분히 이해할 수 있을 거다."

● ● ● ● ● ● ● ● ● ● ● ●

두 사람의 대화를 통해 내가 무슨 얘기를 하고 싶은 것인지 어느 정도는 감이 잡힐 것이다. 회사의 중추인 임원진. 게다가 한 번도 만나보지 못한 사람들을 어떻게 관리해야 할까? 승진계획서를 수정해야 될 것이라는 강 부장의 말도 이 문제를 염두에 둔 것이다.

깊게 생각하지 않고 계획서를 작성한 사람들이라면 선물과 전화를 몇 번 하고서 어떻게 만날 것인지 고민할 것이다. 하지만 이는 초보 중에도 초보 같은 행동이며 당연히 아무런 효과도 보지 못한다. 타이밍과 연속성을 고려하지 않았기 때문이다. 선물과 전화는 몇 번 하느냐보다 언제 어떻게 하느냐가 더욱 중요하다.

만남의 계기를 마련하라

인맥관리의 핵심은 사람을 만나 정을 쌓는 것이다. 하지만 일면식도 없는 사람을 만나 단시간에 정을 쌓기란 거의 불가능에 가깝다. 특히 우리나라처럼 권위의식이 팽배한 사회에서는 더욱 그렇다.

대기업의 임원이라면 사회에서 나름대로 성공한 사람이고 스케줄이 늘 **빽빽**하게 마련이다. 따라서 일정에 포함되지 않은 갑작스러운 약속은 상당히 귀찮게 여기는 경향이 있다. 그러한 상황에서 불쑥 찾아간다는 것은 자살행위와도 다름없다. 사람과 사람이 만날 때는 약간의 긴장감과 유쾌함이 동반될 때 가장 긍정적인 효과가 난다. 그런 분위기를 조성하지 못한 상태라면, 어떻게든 임원을 만났다 해도 아무런 효과를 거두지 못할 것이다. 아니, 오히려 역효과가 일어날 가능성이 크다.

생각해보라. 생뚱맞게 나타난 부하직원이라니. 거래처의 영업사원이라면 그나마 이해라도 하겠지만 아무런 목적조차 없이 찾아온 부하직원을 고운 시선으로 볼 상사는 아무도 없다. 물론 목적이 없는 것은 아니지만, 인간관계가 형성되지 못한 마당에 승진 부탁은 꺼내기도 힘들 테니 목적이 없는 것과 무엇이 다르겠는가.

인간관계의 형성은 그래서 중요하다. 이것이 제대로 형성되지 않으면 상대를 만나기도 쉽지 않고 만난다 해도 자신이 진짜 하고 싶은 말을 하지 못한다. 결국 암담한 마음에 스스로 포기할 수밖에 없는 상황으로 몰리게 된다.

그렇기에 나는 선물과 전화를 무척이나 중시한다. 사람을 만나기 위해서는 계기가 필요하고 그 시작은 선물이 가장 좋기 때문이다. 예기치 못한 사람에게서 선물을 받으면 누구든 관심을 보이게 된다.

선물의 함정

혹시 당신은 선물의 함정을 아는가? 선물에는 두 가지 종류가 있다. 오래된 관계에서 주고받는 '정'의 형태가 있고, 또한 어떤 목적을 이루기 위해 전하는 '뇌물'이 있다. 당신은 그들에게 어떤 종류의 선물을 주어야 한다고 생각하는가?

만약 두 번째, 즉 뇌물성 선물을 생각하고 있다면 정말 큰 착각을 하고 있는 것이다. 뇌물의 특징은 받는 사람에게 부담감을 안겨줌으로써 자신의 목적을 달성하게 하는 것이지만, 여기에는 여러 가지 변수가 작용하기 때문에 실패할 확률이 상당히 크다.

먼저, 그들은 최고점에 있기 때문에 다른 수많은 사람들로부터 비싼 선물을 받은 경험이 있다는 것을 알아야 한다. 웬만한 선물로는 그들에게 부담감을 주기 힘들다는 뜻이다. 더군다나 이들은 대부분 부담스러운 선물 자체를 가급적 받지 않으려 한다. 물론 누구나 욕심을 낼 만한 값비싼 선물이라면 이야기가 달라질 것이다. 관리해야 할 사람이 단 한 명이라면 그나마 시도라도 해보겠지만, 관리 대상은 열 명에 가깝다.

또 한 가지 문제는 뇌물성 선물이 당신에게 위험한 족쇄가 될 수도 있다는 것이다. 당신이 선물을 준 임원들 중 누군가는 이를 돌려보낼 가능성이 있다. 그리고 그 사람은 회사 내에서 이런 일이 다시 일어나지 않도록 당신을 지목하여 조치를 취할 수도 있다. 이렇게 될 경우 승진은 고사하고 회사를 그만두어야 하는 상황으로 몰릴지도 모른다.

따라서 한방에 모든 것을 해결하려는 생각으로 뇌물성 선물을 준비하는 것은 옳지 않은 방법이다. 그러면 무엇이 정답인가?

하나가 안 된다고 했으니 당신이 선택할 수 있는 것은 '정情의 선물'밖에 남지 않았다. 아마 당신은 나의 결론에 콧방귀를 뀔지도 모르겠다. 얼굴조차 모르는 사람에게 어떻게 정이 담긴 선물을 할 수 있단 말인가. 맞는 말이다. 그것은 불가능한 일일지도 모른다. 하지만 불가능한 일도 생각의 전환을 통해 해결책을 얻을 수 있는 법이다.

정이 담긴 선물을 하라

정의 선물을 주고받으려면 어떤 사이가 되어야 할까? 오랜 시간 쌓인 호의와 친절, 그리고 사랑이 바탕이 되어야 한다. 그 배후에는 반드시 시간이 필요하다는 것을 기억하라.

정의 선물을 만드는 비법은 바로 시간이다. 단박에 해결할 것이 아니라 수시로 문을 두드려 마침내 열리게 만드는 정성이 그 해결책이다. '별거 아니네.' 하고 생각한다면 당신은 아직 준비가 되지 않은 사람이다. 이 말에 무릎을 치는 사람이야말로 승진을 위해 고민을 해본 사람이다.

성질 급한 우리나라 사람들은 단번에 모든 것을 해결하려 하는 경향이 많다. 아니라고 부정하고 싶겠지만 대한민국 국민들의 불같은 성격은 세계가 알아줄 정도다. 증거를 대보라고 할 필요도 없다. 당신 스스로 대한민국 사람의 성격을 잘 알고 있을 테니. 이런 급한 성질 때문에 아무런 효과도 없는 몇십만 원짜리 선물을 마련하느라 허리가 휘청하는 일이 발생하는 것이다.

서둘러서 될 일이 있고 그렇지 않은 일이 있다. 임원들에게 정이 담긴 선물이라는 느낌을 주기 위한 방법은, 다시 한번 강조하지만 시간과 정성뿐이다. 천천히 차분하게 시간을 가지고 노력해야 한다.

그렇다면 이를 구체적으로 어떻게 실천해야 할까? 효율적인 전화와 선물의 방법은 아주 중요하기 때문에 다음 장에서 별도로 다뤘으니 참고하기 바란다.

정이 담긴 선물을 해야 한다는 나의 결론에 반문하는 사람도 있을 것이다. 승진 심사가 코앞인데 선물을 하기 위해 공들일 시간이 어디 있느냐는 것이다. 그런 생각을 한다면, 자신이 지금 처한 환경을 다시 한번 되짚어볼 필요가 있다. 심사가 코앞으로 다가왔다면 시간이 얼마나 남았다는 것인가? 만약 남은 시간이 6개월 미만이라면 다른 방법을 모색하는 것이 좋다. 정을 만들어낸다는 것은 당신이 생각하는 것보다 더 오랜 시간이 걸리기 때문이다.

    그렇다고 포기하지는 말기 바란다. 그런 상황에 처한 사람들을 위해 또 다른 방안을 이 책에 제시해놓았으니 말이다. 승진을 하겠다는 의지는 불가능이 없게 만든다는 것을 잊지 말자.

Golden Rule 04

인맥관리의 핵심은 사람을 만나 정을 쌓는 것이다. 인간관계가 제대로 형성되지 않으면 상대를 만나기도 쉽지 않고 만난다 해도 자신이 진짜 하고 싶은 말을 하지 못한다.

Part 5
복숭아 한 상자로 비싼 양주 이기기

2주일 후 윤 차장은 강 부장과 함께 회사에서 조금 떨어진 고급 술집을 찾았다. 이름은 '타이탄'이었는데 들어가는 입구부터 대리석이 깔려 있는 것이 제법 고급스럽게 보였다.

"어이, 윤 차장. 이 집 꽤 비싸겠는데?"

"다 그렇죠 뭐."

"하여간 왔으니 들어가 보자고."

안으로 들어서자 바깥세상과는 완전히 다른 세상이 펼쳐졌다. 하얀 와이셔츠를 입은 웨이터들이 일렬로 서서 허리를 90도로 굽히며 붉은 양탄자가 깔린 복도로 걸어 들어오는 그들을 맞았다.

그들은 곧 구석에 있는 룸으로 안내되었다. 웨이터가 따라 들어오자 강 부장은 일단 술을 시키면서 나가라는 신호를 했다.

그는 방안을 쭉 둘러본 후 입을 열었다.

"농담 삼아 한 말을 네가 지킬 줄은 몰랐다."

"별 말씀을 다 하시네요. 한번 입 밖으로 꺼낸 것은 지키자는 것이 제 신조입니다."

"야, 인마. 내가 강도냐? 계속 벗겨먹게. 오늘 여기 술값은 내가 낸다."

"왜 이러십니까. 아쉬운 건 접니다. 그래서 이 자리에 모신 거고요. 저 이래 봬도 살 만합니다."

"잘났다. 겨우 30평 아파트 한 채 갖고 있는 놈이 뭐가 살 만해. 안 그래도 내가 너 술 한잔 사주려고 생각하고 있었어."

"아이고."

"자, 말해봐. 오늘은 뭐가 궁금했냐?"

역시 강호 고수는 뭐가 달라도 다른 모양이었다. 독한 술이 들어오면 이야기가 제대로 진행되지 못한다는 것을 알고 먼저 조치를 취하다니 무림 고수다운 행동이었다.

"사실 오늘은 그냥 형님하고 술 한잔 하려고 했습니다."

"그럼 오늘은 강의 안 해도 돼?"

"뭐, 형님께서 그렇게까지 말씀하시니까 몇 가지만 물어보겠습니다."

"해봐라. 오늘도 충실한 카운슬러가 돼주마."

"조금 있으면 추석이 다가오잖습니까. 그래서 선물을 준비하려고 하는데 어떤 게 좋을지 모르겠습니다."

"아주 놀고 있네. 야, 인마. 너 내가 말해준 거 그새 잊었어?"

"뭐 말입니까?"

"선물의 효용성. 그리고 타이밍!"

"그거하고 추석 선물하고 무슨 상관이 있다고 그러세요?"

"한마디로 말해서 명절에는 선물하는 게 아니야."

"왜요? 남들은 다 할 텐데?"

"그래서 할 필요가 없다는 거야. 선물의 생명은 그 사람이 나를 기억하게 만드는 건데, 남들 다 할 때 하면 무슨 효과가 있겠어."

"그래도 명절이잖아요. 안 했다가 찍히면 어떡해요?"

"이런 등신, 한 놈도 기억 못하는데 안 한 놈을 어떻게 기억해서 찍냐. 그리고 만약 기억한다 해도 그런 거 가지고는 절대 찍히지 않으니까 걱정하지 마!"

"그럼 어떡합니까. 형님 말씀대로라면 계획서를 또 고쳐야 되는데요."

"어떻게 세웠는데?"

"선물은 명절 때 하는 거로 생각했거든요."

"잘하는 짓이다. 쯧쯧…."

"한 수 가르쳐주십시오."

"내가 말했지. 선물은 정情을 품어야 효과를 충분히 발휘한다고. 그러려면 언제가 좋겠냐?"

"잘 모르겠습니다."

"너 자꾸 눈만 껌뻑거릴래? 하나부터 열까지 내가 전부 다 가르쳐줘야 돼!"

"저는 머리 안 쓸랍니다. 어차피 써봐야 형님은 못 따라가잖아요. 그러니까 시원하게 말씀해보세요."

"하여간 조놈의 주둥이, 말은 잘해요. 잘 들어둬. 선물의 기본은 남들이 하지 않을 때 하는 거야."

"남들이 하지 않을 때요?"

"그래. 선물은 남들이 하지 않을 때 해야 가장 큰 효과를 발휘하게 돼. 그럴 때 하는 선물은 비싸지 않아도 충분히 먹혀. 일석이조의 효과가 있는 거지."

"그래서 언제 하라는 말입니까?"

"보통 선물을 하는 경우는 세 번이지. 설, 추석, 연말연시. 이때를 피하면 돼."

"아무런 이유도 없이 선물을 덜렁 보내면 그분들이 뭐라고 생각하겠어요. 미친놈 취급하는 거 아닐까요?"

"그래서 전화를 먼저 해야 하는 거야."

"전화요?"

"그래, 전화로 네가 선물 보냈다는 사실을 미리 알려주는 거야. 근사한 이유를 대서."

"아, 점점 어려워지는데요. 근사한 이유라면 뭘 말하는 겁니까?"

"아무래도 오늘 술값은 네가 내야겠다. 어떻게 된 놈이 통 머리 쓸 생각을 안 하냐!"

"원래 제자는 사부님의 가르침에 귀를 기울여야 되는 거 아닙니까. 저 잘났다고 나대는 건 제자의 바람직한 자세가 아니죠."

"내가 말을 말아야지!"

"저는 사부님을 하늘처럼 모실 겁니다, 헤헤."

"쯧쯧, 웃는 거 하고는. 근사한 이유를 만들기 위해서는 먼저 그 사람에 대해 알아야지. 그 사람 취미가 뭔지, 요새 어떤 데 관심을 가지고 있는지 파악을 해야 돼. 골프를 좋아하면 골프에 관한 선물을 준비하고 낚시를 좋아하면 낚시에 관한 걸 준비하는 거야. 어때, 대충 감이 와?"

"예, 옵니다."

"너나 나 같은 놈들이 승진을 하기 위해서는 뼈를 깎는 노력을 해야 돼. 더한 일도 할 텐데 그 정도를 못 하겠냐. 어렵게 생각할 것 없어. 그런 걸 알아내는 데는 전화 한 통이면 되니까. 할 수 있겠지?"

"그럼요. 그 정도는 충분히 할 수 있습니다."

"오늘은 이걸로 끝. 이제 술 좀 마시자."

"형님, 한 가지만 더요."

"또, 뭐!"

"전화를 해보려고 했는데 손이 말을 안 듣습니다. 막상 하려니까 할 말도 없고 걱정도 돼서요."

"걱정? 왜?"

"왜 했느냐고 화낼 것 같기도 하고, 냉정하게 끊어버릴 것도 같고…."

"해보긴 했냐?"

"용기를 내서 두 분께 걸었습니다."

"그래서?"

"그냥 간단하게 제 소개만 하고 끊었습니다."

"잘했군."

"예?"

처음으로 강 부장의 입에서 칭찬의 말이 나오자 윤 차장은 어리둥절했다. 혹시 놀리는 게 아닐까 하는 생각이 절로 들었다. 자신이 생각하기에도 소극적인 행동인 것 같아 못마땅했기 때문이다. 그러나 강 부장은 한참 동안이나 미소를 짓고 있었다.

"형님, 왜 그러세요?"

"뭘?"

"잘하긴 뭘 잘했다는 겁니까. 가르쳐주기 싫으니까 일부러 그러시는 거 같은데요. 지금 술 마시고 싶어서 안날이 난 거죠?"

"아니야, 인마."

"거짓말 마시고 오늘은 거기까지만 가르쳐주세요. 간단명료하게 핵심이라도요."

"왜 거짓말하겠냐. 네가 한 게 정석이라 칭찬한 거야."

강 부장이 정색을 하자 윤 차장은 답답하다는 듯 한숨을 흘렸다. 하지만 강 부장의 다음 이야기에 그는 결국 고개를 끄덕였다.

"나는 너의 용기를 칭찬한 거다. 너는 정말 어려운 일을 한 거야. 별일 아니라고 생각할지 모르지만 그걸 행동으로 옮기는 건 무척이나 어려운 일이지."

"그게 뭐가 어렵다고 그러십니까."

"너는 철판이니까 가능한 거야. 보통 사람들은 절대 그렇게 못하지."

"저도 힘들었습니다."

"하여간 잘했어. 하지만 더 중요한 것은 그 후야."

"그 후요?"

"그래. 그걸 잘해야만 성공을 할 수 있어. 네가 한 일은 아주 초기 단계에 불과해. 지금부터 잘 들어라. 전화가 어떤 영향을 미치는지."

사람은 상대방에게 목적을 가지는 순간 고가의 선물을 먼저 떠올리게 된다. 어떻게 보면 가장 효율적인 방법일 수도 있다. 만약 당신의 목적이 어떤 물건을 파는 것이거나 수주를 따내는 것이라면 틀리지 않은 방법일지도 모른다. 하지만 목적이 승진이고 이를 위해 회사의 상사에게 선물을 하는 것이라면 이야기가 달라진다. 앞서 말했듯 금전적인 손실은 크고 효과는 전혀 없기 때문이다. 그럼 어떤 방법을 써야 할까?

정답은 비싸지 않고 효과적인 선물을 지속적으로 하는 것이다. 그것이 바로 '선물의 연속성'이다. 대부분의 사람은 저가의 선물을 받으면 '이 정도는 괜찮겠지.' 하는 마음을 갖게 된다.

또한 선물이 쏟아져 들어오는 명절이 아니라 4월이나 8월에 보내온 선물은 특별히 기억에 남는다. 이것이 '선물의 전략'이다. 받는 사람에게 특별한 기억을 갖도록 만드는 것, 받는 사람의 마음속에 부담감 대신 따스한 감정을 심어주고 확실한 기억을 남기는 것이 선물의 최대 목표다.

명절을 피하는 것에서 한 걸음 더 나아간 방법은 생일과 결혼기념일을 챙기는 것이다. 자신이 태어난 날이나 인생에서 가장 큰 전환점인 결혼기념일을 남이 기억해주면 분명 정성과 성의를 느낄 것이다.

전화와 선물에도 타이밍이 있다

자, 그럼 지금부터 특별한 관계가 형성되지 않은 상태에서 갑자기 보내온 선물을 받았을 때 임원들이 어떤 반응을 보일지 생각해보자.

어떤 사람은 이름조차 제대로 모르는 회사 직원의 선물에 고개를 갸우뚱할 것이고 어떤 사람은 의례적으로 보내온 선물이라고 생각하여 스스럼없이 받을 수도 있다. 좀더 신중한 사람은 이 사람이 왜 선물을 보냈는지 따져볼 것이며 당신의 신상을 확인하기도 할 것이다. 하지만 이런 경우에도 그 사람의 취미나 관심사에 맞는 비싸지 않은 선물이라면 최소한 돌려보내지 않는다. 일차적인 성공이다.

이때 반드시 먼저 해야 하는 일이 있다. 바로 당신을 소개하는 전화다. 상대방이 당신의 전화에 어떤 반응을 보일 것인지 생각하며 주저할 필요는 없다. 어떤 사람도 안부전화에 불쾌해하지는 않는다. 물론 전화를 끊은 다음에는 여러 가지로 생각이 나뉘겠지만 전화를 받는 그 순간만큼은 당신이 걱정한 것처럼 매몰차게 전화를 끊지 않는다는 뜻이다. 그러니 두려워 말고 과감하게 전화를 걸어 당신을 소개하고 안부인사를 건네라.

그렇다고 너무 큰 기대를 해서는 안 된다. 단 한 번의 전화로 그들이 당신의 이름을 기억할 것이라는 기대감은 갖지 말라. 사람의 기억력이란 자신이 필요한 경우에만 발동되는 법이다.

어쨌든 당신은 절반의 성공을 거두었다고 보면 된다. 시작이 반이라는 말이 있듯이 시작을 했다는 사실만으로 당신은 꽤 큰 자신감을 얻게 될 것이다. 그런 다음 선물을 보내고 다시 전화를 걸어 선물을 보낸 이유와 기쁘게 받아달라는 당부를 한다면 임원은 당신의 존재를 머릿속에 단단히 입력하게 된다.

그러나 이름을 알렸다고 해서 성공한 것은 아니다. 진짜 중요한 것은 지금부터다. 맨 처음 당신의 안부인사와 소개를 들었을 때 임원들의 반응은 분명히 하나같을 것이다.

"아, 그래요…. 반갑소…, 예."

단편적으로 끊어지는 대화가 전부일 것이다. 당신이 아무리 대화를 오래 끌려고 해도 1분을 넘기기 힘들다. 그것은 당신의 잘못도 아니고 임원의 잘못도 아니다. 특별한 관계가 형성되지 못한 상태에서는 아무리 말을 잘하는 사람이라도 단편적인 대화만 늘어놓을 수밖에 없다.

그렇다면 어떻게 해야 관계가 개선될 것인가?

나는 선물의 빈도가 1년에 네 번이 적당하다고 생각한다. 부담되지 않는 금액에 맞춰 위에서 말한 대로 4월과 8월, 그리고 생일과 결혼기념일에 선물을 보내는 것이다. 전화는 한 달에 한 번이 적당하다. 물론 상대에 따라 그 기간이 달라질 수도 있지만 대체적으로는 한 달에 한 번이 좋다고 생각한다.

한 달이라는 기간을 제시하는 이유는 간단하다. 너무 빈번한 전화는 오히려 독이 될 수 있고, 반대로 연락을 하지 않는 기간이 너무 길어지면 소원해지기 때문이다.

일단 얼굴을 알려라

이제 남은 것은 직접 찾아가는 일이다. 언제 찾아가는 것이 좋을까? 처음 직접 만나는 장소는 어디가 좋을까? 그리고 어떤 자세로 첫 모습을 보여줘야 하는가? 지금부터 그 답을 찾아보자.

당신이 목표로 했던 임원은 당신의 첫 번째 전화, 그리고 선물과 동시에 받은 두 번째 전화로 인해 당신의 이름을 기억하게 되었을 것이다. 바로 그 즈음이 첫 번째 만남을 가질 최적의 시기다. 그때쯤이면 어떤 사람이라도 당신에 대한 궁금증을 갖게 될 것이다.

첫 번째 만남의 장소는 당연히 회사여야 한다. 아직 긴밀한 관계를 맺은 것이 아니기 때문에 회사를 벗어난 곳에서 만나는 것은 임원 쪽에서 상당히 부담스러워할 것이다. 찾아갈 때의 복장은 보통 회사생활을 할 때 입는 일반적인 복장이 가장 좋다. 그를 만나기 위해 일부러 차려 입었다는 느낌을 주지 않도록 하라. 최대한 편한 자리를 만들기 위해서는 당신이 먼저 편한 마음으로 상대를 대할 필요가 있다.

당신은 이미 방문할 임원의 특징과 취미, 성격 등을 파악했을 것이다. 찾아가기 전에 몇 가지 대화거리를 미리 준비하는 것이 좋다. 물론 대부분의 임원은 당신에게 많은 시간을 할애하지 않을 것이고 심지어는 인사만 받은 후 나가라는 무언의 추방령을 내릴지도 모른다.

  하지만 모든 사람이 그렇지는 않다. 개중에는 당신의 방문을 반가워하며 차를 접대하는 사람도 있을 것이다. 그런 임원은 우선적으로 당신의 편이 될 가능성이 크다. 이 경우에 대화를 망치는 우를 범하지 않기 위해서 적당한 대화거리를 착실히 준비해야 한다. 만약 준비한 소재로 대화를 나누지 못했다 하더라도 조만간 반드시 쓸모가 있게 될 테니 실망할 필요는 없다.

  첫 번째 만남의 목적은 당신의 얼굴을 알리는 것이니 너무 많은 욕심을 부리지 말라. 어쩌면 당신은 상대의 태도에 자존심이 구겨지는 모멸감을 느낄 수도 있다. 그러나 이 또한 실망할 일이 아니다. 그들이 당신의 승진에 도움이 되는 한 그들의 행동에 불만을 느껴서는 안 된다. 당신이 계획에 따라 끈질기게 정성을 기울이면 언젠가는 그들도 당신의 팬이 될 것이기 때문이다.

전화통화의 어색함을 견디라

나는 20년 직장생활 중에 15년을 본사에서 근무했다. 본사에서 오랜 시간 근무하게 되면 상당한 이득을 얻을 수 있다. 지방에서 근무하는 사람들보다 인맥을 훨씬 더 원활히 구축할 수 있기 때문이다.

하지만 나는 승진에 관련된 중요 상사들과의 인맥 구축에 실패한 상태에서 지방으로 내려가게 되었다. 그때까지만 해도 승진에 큰 의미를 부여하지 않고 인맥 구축의 중요성을 간과했기에 발생한 일이었다. 물론 오랜 본사 근무로 인해 그들이 내 이름 석 자 정도는 기억하고 있었으나 이름을 기억하는 것과 인맥을 형성하는 것은 확연히 다른 이야기다. 나 역시 승진 시기가 다가오자 전화와 선물이라는 방법을 써야 했다.

전화, 별것 아닌 것 같으면서도 무척이나 어려웠다. 과연 내가 그들에게 전화해서 어떤 말을 할 수 있을까? 한 사람에게 전화를 하기 위해 수십 번도 넘게 수화기를 들었다 놓으며 고민한 적도 있었다. 관계가 형성되지 않은 상태에서 전화하기란 이처럼 힘들다. 하지만 어쨌든 계획표에 작성한 대로 무조건 전화를 걸기 시작했다.

이름만 아는 정도인 내가 느닷없이 전화해서 안부를 묻자 그 사람들은 그야말로 난감하다는 반응을 보였다. 그나마 가장 우호적인 반응이 "아, 그래. 열심히 하게나." 정도였다. 그야말로 상투적인 응답이었다. 그렇게 30초를 넘기지 못하고 수화기를 내려놓는 경우가 흔했다.

때로는 반갑게 맞아주는 사람들도 있었다. 그들은 어렵게 전화한 나에게 근황을 묻고 현재 업무와 관련된 이야기를 건네며 편하게 대해주었다. 그러나 그런 사람들은 소수였고 대부분은 시큰둥한 반응을 보였다.

전화를 하는 그 30초가 그렇게 길 수가 없었다. 등짝에 땀이 삐질삐질 새어나올 정도로 긴장이 되었고 내가 무슨 말을 했는지조차 생각나지 않았다.

과연 이런 상태에서 그들에게 다시 전화할 수 있을까? 전화를 끊을 때마다 나는 고개를 숙인 채 한참 동안 마음을 추슬러야 했다. 그러나 하지 않으면 안 된다는 생각에 용기를 냈고, 정해진 계획표에 맞춰 지속적으로 그들에게 전화를 했다.

인간은 상황에 따라 카멜레온처럼 변한다는 것을 나는 그때 절실하게 느꼈다. 경험이란 그래서 중요한 것이다.

무슨 말을 어떻게 해야 할지 몰랐던 처음과는 달리 전화가 두 번, 세 번으로 늘어날수록 말솜씨도 점점 능글맞게 변해갔다. 대화를 끌어나가는 기술이 늘었고 할 말도 점점 많아졌다. 그리고 승진 심사 시기가 되었을 때는 마침내 "형님, 살려주십시오."라는 말을 할 수 있었다.

나쁜 선물에 돈을 낭비하지 말라

선물로 인해 느꼈던 고통은 전화에 비할 바가 아니었다. 전화를 하면서 겪는 괴로움은 심적인 것에 그쳤지만 선물은 돈이 개입되어 가정에 직접적인 타격을 주었기 때문이다.

우습지만 앞에서 예로 든 '나쁜 선물'은 대부분 나의 이야기다. 선물은 당연히 명절에 보내야 하고 받는 사람이 고개를 끄덕일 정도로 비싼 것을 골라야 한다고 생각했다. 당연히 가계가 휘청거렸다. 한두 명도 아니고 그 많은 사람들에게 몇십만 원이나 하는 선물을 보냈으니 빠듯한 월급으로 가정을 꾸려나가던 집사람은 한숨을 푹푹 내쉴 수밖에 없었다. 저축해두었던 돈은 그렇게 새어나갔고 그것도 모자라 융자까지 받아야 했다.

 하지만 그렇게 해서 보낸 선물의 효과는 참담함 그 자체였다. 그 누구에게서도 잘 받았다는 전화 한 통 오지 않았다. 이것은 맨 처음 승진에서 탈락했을 때의 이야기다. 나중에 그게 얼마나 바보 같은 짓이었는지 알고 나서야 땅을 치며 후회했다.

 선물이란 정 대신 목적이 담기면 그 효과가 반감된다는 것을 안 이후 나는 작아도 정성스러운 선물을 준비하기 시작했다. 일례로 아무 일도 없는 다음해 8월, 3만 원짜리 복숭아 상자를 열 명의 상사들에게 보낸 적이 있었다. 그 결과 참으로 놀라운 일이 일어났다. 열 명 중 무려 아홉 명에게서 전화가 왔던 것이다. 그들은 맛있는 복숭아를 보내줘서 고맙다며 진심 어린 감사의 말을 전해왔다.

 선물이란 이런 것이다. 기억에 남을 만한 시기에 적절한 품목을 정해서 과하지 않게 해야 한다. 그렇지 않으면 받는 사람도, 보내는 사람도 이 선물로 인해 괴로워진다는 것을 잊지 말라.

첫 만남에 사활을 걸라

마지막으로 사람을 직접 만나는 일에 대한 이야기가 남았다. 사람을 만난다는 것은 전화나 선물보다 훨씬 더 중요하다고 누차 강조했다. 사실 전화나 선물은 직접 만나기 위한 전초전에 불과할 뿐이다.

상사를 만난다는 것은 나 역시 언제나 부담스러운 일이었다. 특히 승진을 목적으로 했기 때문에 더욱더 그럴 수밖에 없었다. 그러나 그런 부담감을 극복하지 못한다면 그보다 더 큰 괴로움에 시달리게 될 것임을 너무나 잘 알고 있었기에 나는 최선을 다했다. 전화나 선물로 충분히 교감을 나누었다 해도 그들을 직접 대면한다는 것은 결코 쉬운 일이 아니었다.

기회를 만드는 방법은 어렵고도 간단했다. 직접 약속을 잡기 어려운 경우 그와 친분이 있는 동료나 상사를 먼저 만나 식사를 했다. 목표에 다가서기 위해 주변을 먼저 공략해야 한다는 간단한 논리를 철저히 적용한 것이다.

주변사람들에게 만남을 주선해달라고 부탁을 했는데도 안 될 경우 용기를 내어 직접 부딪치기도 했다. 높은 지위에 있는 상사도 사람이기는 마찬가지다. 전화와 선물을 통해 당신을 기억하는 이상, 정성을 다한 초대를 쉽게 뿌리치지 못한다. 그들은 대부분 나의 초대에 응해주었다.

초대에 성공했다면 이제 당신이 명심해야 할 일이 있다. 어렵게 초대한 그들과 그저 밥이나 먹으며 신세한탄만 늘어놓는다면 그 자리는 실패로 돌아갈 가능성이 크다. 유쾌한 시간으로 기억될 수 있도록 사전에 철저한 준비를 해야 한다.

그 사람이 술과 대화를 좋아한다면 술자리를, 노래를 좋아한다면 노래방을, 고스톱을 좋아한다면 고스톱 칠 준비를 하라. 또한 그 자리의 주인공은 당신이 아니라 그들임을 항상 잊지 말라. 당신의 생명줄을 쥐고 있는 사람을 접대하는 자리라는 것을 명심하고 그 사람이 불편하지 않도록 최선을 다한다면 그들은 다음번 초청에도 기꺼이 응할 것이다.

당신은 이제 첫 번째 선물을 했고, 첫 번째 통화를 했으며, 첫 번째의 만남을 가졌다. 처음이라는 것은 언제나 불편하고 힘들게 마련이다. 하지만 두 번째는 그보다 쉽고 세 번째는 더욱 쉬워질 것이다. 단편적으로 끊어지던 대화는 어느새 가족의 안부를 묻고 서로의 취미에 대해 웃으며 의견을 주고받는 화기애애한 대화로 발전한다. 그리고 어느덧 회사의 정보와 그 밖의 소재들을 가지고 스스럼없이 이야기를 나눌 만큼 가까운 사이가 될 것이다.

그들의 경조사를 빠짐없이 챙기고 그들의 가려운 곳을 찾아 긁어주겠다는 자세로 임하라. 인사만 하고 돌아오는 한이 있더라도 수시로 찾아가야 하며 기회가 있을 때마다 식사자리를 만들고 같이 술을 마시라.

식구라는 말은 같이 밥을 먹는 사이를 뜻한다. 같이 밥을 먹는다는 것은 그만큼 가까워진다는 의미이기 때문에, 함께 식사하는 자리를 최대한 많이 만들어야 한다.

좋은 방법 중 하나는 그 사람의 취미생활에 함께하는 것이다. 회사에 동호회가 있을 경우 대부분은 임원들이 동호회장을 맡는다. 동호회를 적극 활용하면 좀더 자연스럽게 임원에게 다가설 수 있다. 같이 술을 마실 수 있다면 더욱 좋다. 누구든 술을 마시면 어느 정도 긴장이 풀려 속에 담아둔 말이 자연스럽게 튀어나오게 된다. 그가 평소 품었던 진심을 말하는 순간, 당신은 그와 한층 가까운 사이가 될 것이다.

Golden Rule 05

선물이란 기억에 남을 만한 시기에 적절한 품목을 정해 과하지 않게 해야 한다. 그렇지 않으면 받는 사람도, 보내는 사람도 괴로워진다.

Part 6
가장 가까운 곳에 열쇠가 있다

일주일 후, 윤 차장은 관리 대상인 홍보이사가 회장으로 있는 사내 등산 동호회에 가입하여 관악산을 오르고 있었다. 재미있게도 강 부장 역시 이 산행에 동행한 터였다. 운이 좋으면 자다가도 먹을 것이 생긴다더니 꼭 그 짝이었다.

처음으로 시행하는 거사였기에 긴장된 마음으로 버스에 올랐는데, 먼저 자리를 잡고 앉아 있는 강 부장을 확인하자 펄쩍 뛸 만큼 반가웠다.

"형님, 어쩐 일이십니까?"
"너는 어쩐 일이냐?"

"저야 형님이 가르쳐주신 대로…."

"열심이군. 심심했는데 잘됐다. 여기 앉아라."

"등산반이셨어요?"

"그래, 벌써 5년이 넘었다."

"제가 아무래도 형님과는 전생에 인연이 있었나봅니다."

"인연 같은 소리하고 있네. 어딜 만져 인마, 좀 떨어져 앉아."

윤 차장이 가느다란 목소리로 아양을 떨자 강 부장이 장난스럽게 밀쳐내며 면박을 주었다.

즐거운 마음으로 버스에서 내려 동호회 사람들과 관악산을 타기 시작했다. 오랜만에 하는 등산인지라 중간 지점밖에 오지 않았는데 벌써 다리가 후들거렸다. 잠시 쉬고 싶은 생각이 간절했지만 등산반 사람들은 축지법이라도 쓰는 듯 앞으로 죽죽 나아갈 뿐이었다.

앞에서 걷고 있던 강 부장이 뒤로 처지며 윤 차장 곁으로 다가왔다.

"야, 넌 평소에 체력관리도 안하냐?"

"바쁘잖습니까."

"젊은 놈이 하는 소리 하고는. 인마, 승진도 체력이 있어야 하는 거야."

"체력은 충분해요. 등산을 하도 오랜만에 해서 그런 거라니까요."

"변명 같은 변명을 해라."

"하하하, 그런데 힘들긴 힘드네요."

"힘 안 들게 해줄까?"

"어떻게요?"

"오늘은 무료로 강의를 해주마. 내 얘기를 듣다보면 힘든지도 모를 거다."

"아이고, 정말이죠?"

"자식이 속고만 살았나."

"고맙습니다. 형님 말을 듣고 나니까 갑자기 힘이 불끈 솟네요."

"저번에 인맥관리에 대해서만 얘기를 한 게 마음에 걸렸다. 아주 중요한 이야기를 빼먹은 것 같아서 마음이 찜찜했어."

"그게 뭔데요?"

"생각해보니 '키맨key-man'에 대한 얘기를 빼먹었어."

"키맨이 뭡니까?"

"말 그대로 네 승진에 열쇠를 쥐고 있는 사람들을 얘기하는 거야."

"그분들은 관리하고 있잖습니까. 형님 말씀대로 전화도 다했고 이제 선물 준비하고 있는데요."

"키맨은 그 사람들하고는 다른 사람들이야."

"아이고 미치겠네. 그 사람들은 또 누굽니까?"

"너와 가장 밀접한 사람들이지. 바로 너의 직계 라인 말이야."

"우리 부장님하고 이사님을 말씀하시는 거군요."

"굳이 말한다면 전무까지다."

"아…."

"왜 또 한숨을 쉬고 그래?"

"기가 막혀서 그렇습니다. 저는 왜 다른 사람은 관리할 생각을 하면서 우리 상사 분들은 생각하지 못했을까요?"

"등한시한 게 아니라 믿은 거겠지. 언제든 너를 밀어줄 사람들이라고 안심을 한 게 아니겠어?"

"맞는 말씀입니다. 사실 그런 마음이 컸던 것 같네요."

"그래서 등잔 밑이 어둡다는 말이 생겨난 거다. 내가 키맨 이야기를 해주려는 것도 네가 혹시 그 사람들을 소홀히 할까 봐 걱정돼서야."

"역시 우리 형님이십니다. 고맙습니다."

윤 차장은 빙긋 웃으며 강 부장을 향해 두 팔을 활짝 펴고 덤벼들었다. 강 부장은 윤 차장의 돌진을 슬쩍 피했다.

"너 인마, 호모냐. 왜 틈만 나면 덤벼!"

"좋아서 그러죠. 흐…."

"장난 그만하고 잘 들어. 키맨의 역할은 어느 누구보다 중요해. 그렇기 때문에 그 사람들은 아주 철저하게 관리해야 해."

"어떻게요?"

"키맨은 관리 방법 자체가 달라야 된다. 아무래도 너와 같이 일하는 사람들이니까."

"설마 하루 종일 아부만 하라는 건 아니죠?"

"하나만 묻자. 같이 일하는 직장상사에게 신뢰를 얻는 가장 좋은 방법이 뭐라고 생각하냐?"

"음… 성실함 아니겠습니까?"

"좋은 대답이다. 역시 아무 줄도 없는 놈은 대답부터 다르군."

"갑자기 줄이 왜 나와요?"

"짱짱한 줄을 가졌다든가 지가 똑똑하다고 자만하는 놈들은 실력이라는 대답을 하곤 하지."

"그렇기도 하겠네요."

"네 대답과 일맥상통하는 얘기지만, 신뢰를 얻으려면 최선을 다하는 모습을 끊임없이 보여줘야 해. 어떤 사람도 그런 부하직원은 신임하는 법이야."

"그거라면 제 전공입니다. 어려서부터 그런 것에는 이골이 났으니까요. 지금도 그렇게 살고 있다고 자부합니다."

"다행이군. 하지만 성실함은 기본 중의 기본일 뿐이야."

"그럼 뭐가 더 있는데요?"

"잘 생각해봐라. 뭐가 또 있는지. 어떻게 해야 그 사람들의 신뢰를 얻어낼 수 있을 거 같아?"

"실력도 그중 하나겠군요."

"맞아. 또?"

"음….”

윤 차장은 연이은 강 부장의 질문에 신음을 흘렸다. 그렇지 않아도 산을 오르느라 숨이 찬데 갑자기 물어대는 통에 정신이 없었다. 하지만 강 부장은 쉽게 말을 꺼내지 않고 윤 차장이 대답하기를 기다렸다. 이런 상태라면 강 부장의 입이 쉽게 열릴 것 같지 않았기에 윤 차장은 할 수 없이 머리에 떠오르는 대로 대답을 했다.

"절대적인 충성을 보여야 합니다."

"그것도 좋은 대답이다. 또 생각나는 거 없어?"

"형님, 이제 그만 말씀 좀 해주시죠. 저 힘들어 죽겠습니다."

"야, 네 다리가 힘들지 머리가 힘드냐. 변명을 해도 꼭지 같은 변명을 해요."

"머리와 신체는 하나라니까요. 다리가 힘들면 머리도 아픈 법이에요."

"하여튼 말은 잘한다니까."

"하여간 더 이상 생각나는 거 없으니까 말해줘요."

"그래. 조직을 이끄는 사람들은 항상 부하직원의 태도를 본다. 물론 실력도 보지만. 상사의 신뢰를 얻기 위해서는 성실과 근면, 그리고 동료 간의 우애, 희생정신이 우선이야. 정직함은 말할 것도 없고, 다른 사람을 배려하는 마음도 가져야 하지. 이 모든 것이 상사의 신뢰를 얻기 위해 필요한 것들이다."

"헉, 성인군자가 되라는 말씀입니까?"

"그 말이 아니잖아."

"무슨 말을 하시는 건지는 알겠는데 무척 어려운 일이네요."

"줄이 없는 놈이 겪어야 하는 고난이라고 생각해라."

"그 놈의 줄!"

"다시 한번 말하지만 키맨은 너에게 생명줄과 같은 사람들이다. 너 같이 줄이 없는 놈들은 가장 가까운 곳에 있는 사람들을 줄로 만들어야 한단 말이야. 내 말 명심해. 무엇보다도 중요한 것이 키맨을 잡는 거니까."

"알겠습니다."

"이제 쉬려는 모양이군. 뭐해, 빨리 가지 않고!"

"어디를요?"

"너 여기 뭐 하러 왔냐. 홍보이사님 저기 계시잖아. 빨리 가서 시중들어!"

키맨이란 결정적인 영향력을 행사하는 핵심 인물을 말한다. 단어의 의미대로 생각한다면 키맨은 회장, 대주주, 사장 등 회사를 좌지우지하는 사람들을 가리킬 것이다.

하지만 내가 여기에서 말하고자 하는 키맨은 그런 사람들이 아니다. 위에 열거한 이들은 사실 키맨보다는 배경에 가깝기 때문이다. 내가 말하고자 하는 키맨은 보통의 직원들이 쉽게 접할 수 있으면서 승진에 가장 큰 영향을 미치는 사람들이다.

그럼 진정한 키맨은 누구일까? 키맨의 의미를 현실적으로 생각하고 축소하다보면 자연스럽게 그 존재가 드러날 것이다. 당신과 근접한 곳에서 함께 일하는 직속상사들이 바로 키맨이다.

키맨이 적군일 때와 아군일 때

한 사람에 대한 평가는 스스로 하는 것이 아니라 타인이 하는 것이고, 같이 일한 사람의 입에서 흘러나온 평가라면 신빙성은 더욱 커진다. 때문에 직속상관들의 칭찬은 말로 표현하기 힘들 정도로 큰 홍보효과를 가져온다. 아무리 못난 상사라도 그 인맥은 당신보다 훨씬 넓고 깊이 있는 법이다. 그렇기에 당신의 직속상관들은 키맨으로서 손색이 없다.

하지만 직속상관들은 순기능만 하는 것이 아니라 경우에 따라 역기능을 하기도 한다. 순기능은 당신이 그들에게 신뢰를 받았을 때 나타나고 역기능은 그 반대의 경우에 나타난다.

부정적인 상황부터 살펴보자. 만약 당신이 키맨을 잡지 못하고 되려 찍혔다면 상황은 돌이킬 수 없을 정도로 악화되고 만다. 승진 인사가 다가오면 심사 위치에 있는 사람들은 승진 대상자들을 놓고 사전평가를 하게 된다. 자신이 데리고 있는 부하직원의 승진 가능성을 점쳐보기도 해야 하고 본인이 심사위원으로 선정될 것에 대비해 사전 정보를 습득해야 하기 때문이다.

이런 상황은 당신 상사의 집무실에서, 혹은 저녁식사 자리에서 또는 주말 골프 회동에서 수시로 생겨나는데 이때의 평가는 승진에 지대한 영향을 미친다.

당신이 잘못된 평소 행동으로 상사에게 찍혔다면 이런 자리에서 상사는 당신에 대해 묻는 다른 임원들이나 동료들에게 다음과 같은 세 가지 유형의 반응을 나타낼 수 있다.

첫째, 어쩔 수 없이 잘한다고 말한다. 물론 먼저 나서서 당신에 대해 홍보를 하지는 않지만 남이 물으면 좋은 말을 해준다.

둘째, 당신에 대한 언급 자체를 회피한다. 이런 유형의 상사는 당신의 이야기가 나오면 자꾸 대화를 다른 쪽으로 돌린다. 쉽게 말해, 당신 이야기를 입에 담지 않으려는 것이다. 그렇다고 남에게 당신의 단점을 미주알고주알 이야기하지도 않는다.

셋째, 단번에 당신의 목을 날려버린다. 당신 이야기만 나오면 거품을 물며 잘못된 점들을 일일이 예로 들어 성토하는 유형이다.

물론 상사의 성격에 따라 조금씩 다르겠지만 크게는 위의 세 가지 유형에 모두 포함된다고 보면 틀리지 않을 것이다.

당신은 어떤 상사를 두었는가? 혹시 상사가 첫 번째 유형이기 때문에 찍혀도 괜찮다는 생각을 하고 있을지도 모르겠다. 하지만 반드시 알아야 할 것이 있다. 위에 예로 든

세 가지 유형 중 어떠한 경우든 당신에게 치명타가 된다는 사실을. 상사의 반응을 접한 임원들은 그 행동과 말에 따라 마음속으로 당신을 승진 대상에서 탈락시킬 가능성이 매우 크다.

부장급 이상의 간부나 임원들의 나이는 40대 중반이 넘을 것이고 최소 20년 이상 회사생활을 경험한 백전노장들이다. 그런 사람들이 첫 번째 유형의 상사처럼 당신을 험담하지 않았다고 해서 그 상사의 마음을 모를 것이라고 생각한다면 당신은 정말 순진한 사람이다. 상대의 얼굴이나 말투에서 순간적으로 낌새를 알아차리는 눈치와 칼 같은 판단력이 없었다면 그들은 결코 임원이라는 자리에 앉지 못했을 것이다.

이 글을 읽는 독자들이여, 지금 이 상황에서 당신은 승진할 수 있을 것 같은가? 소름이 돋을 정도로 무섭다는 생각이 들지 않는다면 당신은 직장생활이 진정 어울리지 않는 사람이다.

내가 실제로 겪었던 일을 한 가지 예로 들어보겠다. 같이 근무했던 선임 중에 성격이 불 같아 불의를 보면 참지 못하는 사람이 있었다. 회사라는 조직은 언제나 합리적이고 효율적이지만은 않으며 상사와 직원 간의 관계는 수직적인 구조를 이룬다. 이 사람은 그런 부분을 쉽게 받아들이지 못해 직속상사들과 몇 차례에 걸쳐 마찰을 일으켰다.

회사가 아닌 다른 집단이었다면 당연히 그의 말이 옳게 받아들여졌을 것이고, 그의 정의로운 행동에 대해 누구도 손가락질하지 않았을 것이다. 하지만 그곳은 회사였고, 결과는 정반대로 나타났다. 명문대를 나와 실력이 있는 사람으로 정평이 나 있던 그는 결국 진급에 실패한 채 낙오자의 길을 걸어야 했다.

무엇 때문에 그런 결과가 빚어졌는지 당신은 추측할 수 있을 것이다. 유교사상의 뿌리가 굳건히 남아 있는 우리 사회는 아직도 아랫사람이 상사에게 대드는 것을 용납하지 않는다. 그의 주장은 전혀 통하지 않은 반면, 키맨이었던 직속상사들의 말은 회사 전체로 퍼져나가 그를 완전히 매장시키는 위력을 발휘했다.

우리는 무언가를 해야 될 때와 하지 말아야 될 때를 정확히 구분해야 한다. 만약 진급 시기가 아직 먼 상황에서 그런 일이 벌어졌다면 만회할 기회라도 있었을 테지만 그는 결국 위기를 극복할 수 없었다. 그만큼 직속상사의 역할은 결정적이다.

그럼 키맨을 잡았을 때는 어떤 상황이 펼쳐질까? 위에서 말한 것처럼 당신의 직속상사인 부장이나 이사, 전무의 인맥은 상상 이상으로 넓고 탄탄하다. 당신이 많은 시간을 공들여 구축해놓은 인맥은 그들과 비교하면 아마 하찮은 수준일 것이다. 그런 사람들에게 신뢰를 얻어 적극적인 지원을 이끌어낼 수 있다면 당신은 순식간에 수십 명의 결정적 우군을 끌어낼 수 있는 셈이다. 상사들이 자신과 동등한 위치에 있는 간부나 임원을 만날 때마다 당신의 장점을 지속적으로 홍보한다면 어떤 결과가 나타나겠는가.

키맨을 사로잡으려면

나의 경우에는 아쉽게도 키맨의 도움을 받지 못했다. 근무했던 부서의 주요 직속상사들이 2년 동안 연이어 퇴직을 했기 때문이다. 동물의 세계에서 늙고 힘이 빠진 사자는 무리에 아무런 영향을 미치지 못하는 것처럼 나의 직속상사들 역시 승진에 아무런 도움을 주지 못했다. 세월의 흐름이 그들의 힘을 모두 앗아갔기 때문이었다.

하지만 나는 키맨들에게 최선을 다했다. 조금의 도움이라도 받을 수 있지 않을까 하는 기대감도 있었고, 설혹 도움을 받지 못한다 하더라도 그들의 입에서 나에 대한 나쁜 소문이 퍼지는 것은 바라지 않았기 때문이었다. 일을 성공으로 이끄는 것은 너무도 힘들지만 나락으로 떨어지는 것은 한순간이다.

키맨이 없는 상태에서의 싸움은 정말 힘든 것이었다. 상대는 총, 칼을 들고 덤비는데 나는 아무런 무기 없이 한쪽 팔마저 묶은 상태에서 맞서는 기분이었다. 상대편 키맨들이 승진 대상자를 데리고 임원들을 찾아다니며 인사를 시키는 모습을 볼 때마다 나는 아쉬움에 깊은 한숨을 내쉬곤 했다.

키맨들의 도움은 그만큼 절대적인 것이다. 반복해서 말하지만 키맨은 당신을 무턱대고 도와주지 않는다. 그들의 전폭적인 지지를 끌어내어 당신의 승진에 도움이 되도록 만들기 위해서는 뼈를 깎는 노력이 필요하다. 그렇다면 키맨의 마음을 어떻게 잡아야 하는가?

키맨의 경우, 5장에서 설명한 인맥관리법과는 근본적인 차이를 가지고 접근해야 한다. 같이 일하는 사람과 그렇지 않은 사람의 차이점이 무엇인지 알아야만 당신은 키맨을 잡을 토대를 마련할 수 있다. 키맨은 당신을 포함한 조직을 이끄는 사람들이다. 당신이 속한 부서를 회사에서 인정받는 부서로 성장시키고 발전시켜야만 그들은 그 윗선에서 또다시 인정을 받게 된다. 그렇기 때문에 그들은 성과와 조직의 안전성을 가장 우선시한다.

키맨과 다른 임원의 차이점은 바로 여기에 있다. 인간적인 정으로만 통하지 않는 존재가 바로 키맨이라는 이야기다. 그들에게 인정받기 위해서는 남들에게 뒤처지지 않을 정도의 실력과 성과가 있어야 하며 조직에서 정말 필요한 인재라는 사실을 지속적으로 보여줘야 한다. 그것을 토대로 인간적인 정이 합쳐질 때 키맨은 당신에게 신뢰를 보이게 된다.

키맨들을 끊임없이 관찰하고 그들이 원하는 부분을 해결하기 위해 노력하라. 언제나 최선을 다하는 모습을 보이라. 당신의 일거수일투족을 지켜보는 사람이 옆에 있다는 사실을 한시도 잊어서는 안 된다. 오금이 떨릴 정도로 조심에 조심을 기해야만 당신은 키맨에게 인정받을 수 있을 것이다.

키맨을 잡은 사람은 70퍼센트는 성공을 했다고 봐도 무방하다. 그만큼 그들의 힘이 가공할 만하다는 것을 잊지 말고 키맨을 잡기 위해 정성을 다하라. 특히 인맥을 구축하기 힘들 정도로 시간이 없는 사람은 더욱더 그렇다. 인맥을 구축하지 못했다는 것은 그동안 승진에 대한 노력이 부족했다는 증거이므로 더더욱 키맨에게 목숨을 걸어야 한다. 여기에서 키맨까지 놓친다면 당신에게는 최후의 방법만이 남을 뿐이다.

최후의 방법. 다 죽은 목숨도 살려내고 산 목숨도 졸지에 죽음에 이르게 만드는 극약처방을 말한다. 궁금하겠지만 이 책을 마지막까지 읽다보면 그 필사의 비결이 무엇인지 알게 될 테니 서두르지 말라. 아직도 당신에게는 이 책을 마저 읽어야 할 이유가 수도 없이 많으니 말이다.

다음 장부터는 키맨을 잡을 수 있는 근본적인 방법들을 하나씩 설명해나가도록 하겠다.

Golden Rule 06

키맨key-man이란 결정적인 영향력을 행사하는 핵심 인물로 직속상사를 말한다. 인맥이 탄탄하지 못할수록 키맨에 목숨을 걸어야 한다.

Part 7
동료가 존경하는 동료가 되라

윤 차장이 점심식사를 끝내고 사무실에 들어와 오후에 할 일들을 정리하던 중이었다. 순간 갑자기 터져 나온 큰 소리에 그는 깜짝 놀라 의자에서 일어났다. 늘 바쁘게 돌아가는 재무처에서는 사람들의 소음이 끊이지 않았지만 일 때문에 주고받는 소리와는 확연하게 다른 고함 소리가 들려왔던 것이다. 윤 차장은 진원지를 찾아 시선을 던졌다.

그곳에는 양 대리와 원 대리가 얼굴을 붉히며 상대를 향해 고함을 지르고 있었다.

"저번에도 내가 갔잖아요. 입사 시기가 조금 늦다고 이렇게 매번 부려먹어도 됩니까!"

"몇 번 말해야 알아들어. 이사님이 오늘 중으로 재무계획서를 완성하라는 지시를 내렸다고 말했잖아. 바쁠 때는 한 식구끼리 사정 좀 봐줘야 하는 거 아니야!"

"저번 행사 때도 양 대리님이 사정 있다고 해서 내가 갔잖습니까. 그리고 일 없이 노는 사람이 어디 있어요. 나도 거기 갔다 오면 야근을 해야 된단 말입니다."

"아, 진짜 더러워서 못해먹겠네. 그래 가지 마라, 가지 마. 내가 이사님한테 가서 시킨 거 못하겠다고 할 테니까."

"허, 마음대로 하세요."

협박하듯 돌아서는 양 대리를 향해 원 대리가 콧방귀를 뀌고 자기 자리로 씩씩거리며 돌아갔다. 열이 받을 대로 받은 모습이었다.

두 사람의 단편적인 대화만 듣고도 내막을 알 것 같아 윤 차장은 자리에 조용히 앉아 있었다. 원 대리는 자신이 맡고 있는 재무1과 소속이었고 양 대리는 박 차장이 맡고 있는 재무2과 소속이었다. 오늘은 A기업 주최로 고객만족 행사가 열리는 날이었다. A기업은 매년 300명의 고객들을 초청하여 자사의 제품을 홍보하고 기존 제품에 대한 만족도를 조사하는 행사를 벌여왔다. 당연히 본사의 각 부서에서는 직원들을 차출해서 행사를 지원하도록 하는데 이번에는 양 대리 차례였던 모양이다.

윤 차장도 알고 있었다. 지난번에도 원 대리가 양 대리 대신 행사에 참여해서 생고생을 했다는 사실을. 그때는 무슨 사정 때문에 원 대리가 갔는지 모르지만 오늘은 양 대리에게 확실한 사정이 있다는 것을 잘 알고 있었기 때문에 자리에 앉아 직원들과 눈을 마주치지 않은 채 그는 고민에 잠겼다.

행사에 지원을 나간 직원은 온종일 서서 고객들을 상대해야 하기 때문에 하루만 참여해도 녹초가 되곤 했다. 현재 재무1과에서 사무실에 남아 있는 사람은 자신과 원 대리 둘뿐이었다. 나머지 직원들은 지사와 공장의 재무조사를 위해 모두 출장을 나가 있는 상태였기 때문에 현재 사무실의 모든 일은 두 사람이 처리하고 있었다.

하지만 원 대리가 화를 내는 데도 충분히 일리가 있었다. 여덟 명이 하던 일을 벌써 3일째 혼자 하려고 하니 얼마나 힘들었겠는가. 더군다나 재무조사는 이틀 후에나 끝나는 것으로 예정되어 있어 아직도 고생을 더 해야 할 판이었다.

그렇다고 해서 재무2과의 상태가 좋은 것은 아니었다. 그쪽도 직원들 대부분이 출장을 나갔고 양 대리와 신입사원만 남아 일을 처리하는 중이었다. 어느 한쪽의 손을 들어주기 힘든 상황이었다.

하지만 이미 사무실의 분위기는 싸늘하게 식어 있어 어떤 방법으로든 해결을 해야 했다. 10여 미터 떨어진 곳에 자리한 재무부장이 벌떡 일어나 이쪽을 쏘아보는 중이었고 어느새 별도의 집무실에서 일하는 재무이사까지 나와서 무슨 일인가 확인하고 있었다.

옆쪽에서는 박 차장도 상사들의 눈치를 보며 붉어진 얼굴로 씩씩댔다. 재무이사가 내린 지시는 반드시 오늘 퇴근 전까지 마무리해야 되는데 양 대리가 행사장에 가버리면 도저히 할 수가 없었기 때문이다. 원 대리를 향한 그의 눈에는 원망이 가득 차 있었다. 하지만 그는 아무 말도 하지 않고 윤 차장이 자신을 쳐다보는 것을 확인한 후 컴퓨터 쪽으로 고개를 돌렸다. 어차피 쉽게 해결할 수 없는 일이라는 것을 그 역시 잘 알고 있을 것이다.

잠시 후 사무실이 평소 분위기로 돌아가자 가만히 앉아

있던 윤 차장이 자리에서 일어나 조용한 목소리로 원 대리를 불렀다.

"원 대리!"

"예, 차장님."

"오늘 해야 할 일들 정리해서 나한테 주고 자네는 행사장에 갔다 오도록 해."

"차장님!"

"자네가 무슨 생각하고 있는지 잘 알아. 하지만 저쪽 상황이 너무 안 좋잖아. 그러니까 이번에는 우리가 조금 양보하자고."

"차장님 말씀은 충분히 알겠습니다만 우리도 할 일이 많습니다. 제가 사무실을 비우면 차장님은 밥 먹을 시간도 없을 겁니다."

"괜찮아. 걱정하지 말고 다녀오도록 해. 사무실 일은 내가 알아서 할 테니까."

"…."

"그나저나 자네도 하루 종일 고생하겠군. 미안해, 나 때문에."

"아닙니다."

윤 차장의 말에 원 대리는 안타까운 눈으로 그를 쳐다본 후 천천히 양 대리 쪽으로 걸어갔다.

원 대리가 행사장으로 간 후 사무실에 혼자 남은 윤 차장은 정신없이 바쁜 하루를 보냈다. 두 사람 몫을 해내느라 조금도 쉬지 못했는데도 일이 남아 어쩔 수 없이 야근을 해야 했다.

6시가 조금 지나 재무계획서 작업을 마친 박 차장은 야근을 하는 윤 차장에게 무척이나 미안한 얼굴을 하며 도와줄게 없냐고 말을 붙였다. 의례적으로 하는 말이 아니라 진심이 묻어나는 제의였지만 윤 차장은 웃는 얼굴로 괜찮다며 그의 퇴근을 배웅했다.

일할 때는 정말 시간이 잘 간다. 저녁을 먹고 자리에 앉아 서류에 파묻힌 지 얼마 안 된 것 같은데도 시계바늘은 벌써 9시를 훌쩍 넘어가고 있었다. 오랫동안 고개를 숙이고 있었더니 목덜미가 뻐근해져왔다. 목과 양쪽 어깨를 한 번씩 돌려 몸을 푸는데 사무실 문이 열리며 원 대리가 들어왔다.

"자네 웬일이야?"

"차장님이 이러고 계실 것 같아서 달려왔습니다. 이게

뭡니까, 처량하게. 이제 그만하시고 들어가십시오. 나머지는 제가 하겠습니다."

"하하… 이 사람. 피곤할 텐데 뭐 하러 왔어. 거의 다했으니 그냥 들어가. 나도 금방 들어갈 거야."

"차장님을 두고서 제가 어떻게 혼자 갑니까. 빨리 주십시오."

"좋아, 그럼 나눠서 하지. 우리 이거 끝내고 가볍게 술이나 한잔 하자고."

원 대리가 서류를 주섬주섬 챙기는 것을 보며 윤 차장은 유쾌한 웃음을 터트렸다. 힘은 들었지만 원 대리가 자신을 위해 사무실로 돌아왔다는 사실에 은근히 기분이 좋았다. 얼마 남지 않았던 일은 두 사람이 나눠서 하자 금방 끝났고 그들은 회사 근처에 있는 맥줏집으로 향했다.

맥주와 간단한 안주를 시킨 윤 차장이 맞은편에 앉은 원 대리를 향해 입을 열었다.

"오늘 힘들었을 테니까 딱 한잔만 하고 집에 가자. 오케이?"

"좋습니다. 그나저나 직원들 출장이 빨리 끝났으면 좋겠어요. 저도 그렇지만 차장님이 너무 고생해서 안 되겠습니다."

"고생은 무슨…."

"이제 부장 진급을 하셔야 될 판에 대리 일을 하고 계시니 제가 다 답답합니다. 차장님도 다른 사람들처럼 좀 약게 사실 수 없어요? 차장님만 보면 참 속이 답답하단 말입니다!"

"하하, 그럼 원 대리한테 다 맡기고 난 놀아도 돼?"

"쩝… 일만 가지고 이야기하는 게 아니잖아요. 제가 계속 지켜봤지만 차장님은 손해 보면서 살려고 작정한 사람 같아요."

"그걸 손해 보면서 산다고 말하면 곤란하지. 이왕이면 남을 배려하는 너그러운 마음을 가졌다고 말해줘라."

"하하."

"술이나 마셔. 오늘따라 맥주가 맛있어 보인다. 그치?"

다음날 아침. 황 부장은 사장이 지켜보는 앞에서 박 차장과 양 대리가 작성한 재무계획서를 성공적으로 보고했다. 그리고 나서 그는 담당 임원인 재무이사의 방에 마주앉았다.

둘은 입사일자가 1년 밖에 차이가 나지 않았고 오랫동안 같이 근무했던 사이였기에 이렇게 둘만 마주하게 될 때는 스스럼없이 속에 있는 말을 하는 사이였다.

"황 부장, 수고했어. 사장님께서도 아주 만족해하시더군."

"박 차장 기획 능력이 뛰어나잖습니까. 역시 머리가 좋아 일을 맡기면 확실하게 합니다."

"그 친구가 일은 잘하지. 그나저나 어제 사무실에서 불미스러운 일이 있었던 거 황 부장도 알지?"

"…예."

"그런 일이 또 생기면 안 돼. 직원들 간에 고성이 오고가서야 되겠어?"

"재무조사 기간이다보니 행사 지원 인원이 턱없이 부족합니다. 그래서 생긴 일 같습니다."

"그것도 문제긴 문제였지. 그런데 그걸 어떻게 해결했지?"

"재무1과에서 대신 지원을 나갔습니다. 재무계획서 보고가 있다는 걸 알고 윤 차장이 조치를 했습니다."

"거기도 일이 많았을 텐데?"

"그 사람 책임감이 강하잖습니까. 아마 원 대리를 행사 지원 보내놓고 밤새 일했을 겁니다."

"내가 어제 10시쯤 차를 타고 지나가는데 우리 사무실에 불이 켜져 있던데, 그럼 거기 있었던 사람이 윤 차장이었던 모양이군?"

"그 시간이라면 아마 윤 차장이 맞을 겁니다."

"허허… 그 사람 참 성실하구먼. 그런 사람을 데리고 있으니 내가 인복이 있나보네."

"그렇습니다. 저도 왠지 윤 차장을 보면 기분이 좋습니다. 그 사람은 항상 자기보다 남을 먼저 배려하더군요. 어려운 일이 있을 때 제일 먼저 나서는 것도 윤 차장입니다."

"일은 어때?"

"머리 회전은 박 차장이 빠릅니다. 하지만 윤 차장 역시 맡은 업무에 대해서는 빠짐이 없습니다."

"허어… 알았네."

당신은 위에서 윤 차장의 행동을 보며 무엇을 느꼈는가. 이번 장의 주제는 '동료가 존경하는 동료가 되라.'이다. 동료의 존경을 받는다는 것이 얼마나 어렵고도 중요한 일인지 너무도 잘 알기 때문에 꼭 짚고 넘어가야 한다고 생각했다.

어떤 일에든 원칙과 기본이라는 것이 있다. 직장생활에서의 원칙과 기본은 바로 주변의 동료들에게 존경을 받는 것이다. 당신이 아무리 실력이 뛰어나고 인맥관리를 잘했다고 해도 이 기본을 소홀히 한다면 승진은 보장받지 못할 것이다.

원칙과 기본은 주머니 속에 들어 있는 송곳처럼 평소 튀어나오지는 않지만 서서히 당신의 존재를 드러나게 만들어 아무도 건드리지 못하게 하는 무기가 된다. 타인으로부터의 존경은 자신의 희생이 바탕되지 않으면, 또한 남을 배려하는 마음을 가슴속에 품지 않으면 절대 얻을 수가 없다.

희생과 배려. 얼핏 생각하면 아무것도 아닌 것처럼 느껴지지만 이 두 가지를 남에게 보이기 위해 당신은 지금까지의 인생관을 송두리째 바꿔야 한다. 특히 상대가 상사가 아니라 이해관계로 얽혀 있는 동등한 위치의 직장동료라면 더욱더 어려운 일이다.

불시에 습격하는 자객, 평판

나의 대리 시절을 가만히 되돌아보면 미친 듯 돌진하는 황소가 떠오른다. 당시 나는 무슨 일에도 손해 보면 안 된다는 강박관념을 가지고 있었던 것 같다. 내 일과 남의 일을 확실히 구별했고 내가 한 번 했으면 너도 한 번 해야 한다는 사고방식을 밑바탕에 깔고 있었다. 정으로 뭉친 관계가 아닌 사회생활을 하며 만난 동료들을 위해 희생할 이유가 없다고 생각했던 것이다.

당연히 동료들과 마찰이 일어났다. 젊은 혈기에 주먹다짐까지 할 정도로 화를 낸 적도 있었고 어떤 직원과는 한동안 눈도 마주치지 않을 만큼 냉랭한 관계를 유지하기도 했다.

참으로 어리석고도 멍청한 짓이었다. 그런 생활을 하는 동안 내 직장생활은 점점 무미건조해져갔고 평판 또한 나쁜 쪽으로 흘렀다. 지금도 그때를 생각하면 온몸이 부르르 떨릴 정도다. 도대체 그 당시엔 무슨 생각으로 그렇게 살았을까.

내가 그때까지의 생활을 후회하며 마음을 고쳐먹은 것은 차장으로 진급한 후 얼마 지나지 않아서였다.

어느 날 같은 회사에 다니는 대학 선배를 만나 술을 마셨는데, 그 자리에서 선배는 몇 년 전 내가 상사와 말다툼했던 일을 꺼내며 조심하라는 경고를 해주었다. 무슨 소리냐고 되묻는 나에게 그는 "술 마신 김에 후배 놈이 불쌍해서 말해준다."라며 진지하게 이야기를 해주기 시작했다. 나에 대한 회사 내의 평판이 이미 나빠질 만큼 나빠졌다는 것이었다.

정말 기가 막힌 일이었다. 상사와의 말다툼은 분명 상사의 잘못으로 인해 생겨난 것이었는데 회사에서는 내가 죽일 놈으로 소문이 나 있었다. 견딜 수 없을 정도로 분해하는 나를 보고 선배는 괜히 말해줬나 하는 표정을 지으며 서둘러 자리에서 일어났다.

집에 돌아와서도 나는 잠을 설치며 나의 지난 행동을 하나씩 떠올렸다. 처음에는 분한 마음이 들었고 잘못된 소문을 그대로 믿는 회사 사람들도 미웠다. 그런데 또 한편으로는 불미스러웠던 옛날 일들을 꺼내보고 후회와 반성을 하게 되었다.

그 뒤로 나는 동료들과의 관계에서 무조건 한발 물러서겠다는 마음으로 생활했다. 양보하고 배려하는 마음을 가지고 살지 않으면 조직에서 살아 남지 못한다는 생각을 가슴 깊이 새겼다. 하지만 한 번 어긋난 평판은 쉽게 바로잡아지지 않았다. 수많은 사람들을 만나고 꽤 오랜 시간이 지난 후에야 나에 대한 시선을 바꿀 수 있었다.

그 후로도 많은 시간이 흘러 마흔을 훌쩍 넘긴 나이가 되었을 때, 예전에 나에게 경고를 해준 선배를 만나 물었다. 왜 그런 평판이 돌았을 때 즉시 말해주지 않았느냐고. 물론 장난삼아 물은 것이었다. 하지만 만약 오래전 그날 선배와 술을 마시지 않았다면 나는 영원히 그 이야기를 듣지 못했을지 모른다.

사회에서, 특히 회사 내에서 다른 사람의 평판에 대해 본인에게 직접 알려준다는 것은 쉬운 일이 아니다. 득될 것은 하나도 없고 자칫하면 당사자와 사이가 벌어질지도 모르기 때문이다. 그래서 이런 평판은 조용히 퍼져나가 자신도 모르는 사이에 비수가 되어 자신의 목덜미를 겨누게 되는 것이다.

발 없는 말이 천리를 간다는 속담이 있다. 내가 정말 뼈저리게 실감한 말이다. 당신과 근무한 적도 없는 동료들이 소문을 사실로 믿으며 색안경을 끼고서 당신을 본다고 생각해보라. 따져서 될 일도 아니고 분해할 필요도 없다. 모든 것이 자신으로부터 시작된 일인데 누구에게 따지고 누구에게 화를 낸단 말인가.

자신을 돌보지 않고 희생하는 사람을 보면 대부분은 왜 저렇게 바보같이 행동할까 하고 단순히 생각하곤 한다. 이득될 게 전혀 없는 일을 묵묵히 하는 그 사람이 어리석게 보여 자신은 절대 저런 짓을 하지 않겠다고 다짐하기도 한다. 하지만 그러한 행동이 계속될 때 사람들은 서서히 감동을 받기 시작한다. 테레사 수녀가 성녀로 추앙받고 간디가 인도의 영원한 지도자로 숭배되는 것도 마찬가지 이유일 것이다.

윤 차장을 바라보는 재무이사의 마음은 어땠을까? 만약 윤 차장이 부장의 명령에 따라 어쩔 수 없이 일한 것이었다면 상황은 180도 달라졌을 것이다. 혹은 그런 일이 그저 한 번으로 그쳤다면 재무이사나 부장은 그에 대한 판단을 보류했을 것이다. 윤 차장에 대해 상사들이 호의적인 판단을 내린 것은 그가 회사생활을 하면서 일정 기간 일관된 모습을 계속 보여주었기 때문이었다.

나이 어린 권 차장이 모두에게 존경받는 이유

내가 부장으로 승진한 후 지사에서 근무할 때였다. 누구나 좋아하는 함박눈은 우리 회사의 입장에서는 가장 큰 적 중 하나였다. 눈 때문에 고속도로가 정상적으로 운영되지 못하면 국가경제가 막대한 피해를 입기 때문이다. 부임을 했던 그해 겨울은 유난히도 추웠고 날씨에 걸맞게 눈도 참 많이 내렸다. 눈이 내릴 때마다 직원들은 밤을 새워가며 제설작업을 해야 했는데 한번은 눈이 3일 동안 그치지를 않았다.

막 부지사장으로 부임한 나는 한 번도 제설작업을 해본 적이 없었기 때문에 실무 책임자만 바라보며 자리를 지켜야 했다. 회사에서는 눈 때문에 특별 근무를 한 직원에 한하여 다음날 대체휴무를 쓰게 했다. 잠을 제대로 자야 정상적으로 근무를 할 수 있기 때문이다.

그때도 대부분의 직원들은 2개조로 나뉘어 밤을 샜고 다음날은 휴식을 취했다. 그러나 눈이 그치지 않은 3일 동안 한순간도 잠을 자지 않고 계속해서 일한 사람이 있었다. 바로 제설작업을 진두지휘했던 실무 책임자인 권 차장이었다.

그는 그 3일 동안 장비와 인원 배치, 그리고 강설 현황을 꼼꼼히 살피며 직원들을 독려했고 쉴 생각을 하지 않았다. 눈이 충혈되고 얼굴이 누렇게 뜨는 것을 보고서, 나는 그에게 들어가 쉬라고 말했으나 그는 끝까지 고집을 부리며 안 된다는 말만 되풀이했다. 당시 그의 나이는 서른 중반에 불과했다.

그때부터 나는 관심을 가지고 그를 유심히 살피게 되었다. 그러다가 지사 분위기가 뭔가 이상하다는 것을 알아채게 되었다. 지사의 경우에는 대부분 나이 쉰이 넘은 분들이 많이 근무하고 있었는데 그들 모두가 서른 중반에 불과한 권 차장의 지시에 한 번도 반발을 하지 않는 것이었다.

사전에 지사에 대해 들었던 정보와는 전혀 다른 상황이었다. 내가 들은 바로는 현장에서 일하는 고령자들이 나이가 적은 실무 책임자를 우습게 알기 때문에 지휘계통에 많은 문제가 발생하는 것으로 알고 있었다. 하지만 내가 부임한 지사는 전혀 그렇지 않았다.

그래서 어느 날, 나는 나이가 많은 제설작업차량 운전원 중 한 명을 조용히 불러 그 이유를 물었다.

"나이가 어린 차장에게 지시를 받는데 불편한 점은 없습니까?"

"불편이라뇨, 만약 제가 불평이라도 한마디 한다면 난리가 날 겁니다. 그건 저뿐만 아니라 다른 누구라도 마찬가지예요."

"무슨 말씀이시죠?"

"권 차장은 지사에서 온갖 궂은일을 도맡아 하는 양반입니다. 지난번 제설작업 때도 보셨겠지만 권 차장은 항상 그렇게 일을 해요. 나이가 어려도 정말 존경할 만한 사람입니다. 만약 그때 권 차장이 모두 쉬지 말고 제설작업을 해달라고 부탁했다면 우리는 두말하지 않고 모두 남아서 일했을 겁니다."

"그렇군요."

이야기를 듣고 나니, 나 역시 그가 하는 일에 아무런 제동을 걸 수가 없었다. 동료들의 존경을 한 몸에 받는 사람에게 무슨 말을 하겠는가. 그는 어린 나이에도 희생과 배려로 사람들의 존경과 신뢰를 얻어낸 사람이었으니 나보다 훨씬 더 훌륭한 자질을 지녔다는 결론을 내릴 수밖에 없었다.

동료들에게 존경과 신뢰를 받게 되면 그 평판은 자연스럽게 상사의 신뢰로 이어지게 돼 있다. 당신의 이익보다 동료들의 아픔과 고통을 먼저 생각하라. 앞만 보고 달려가던 것을 잠깐 멈추고 당신이 살아온 인생을 되돌아볼 필요가 있다. 눈앞의 이익을 버렸을 때 당장은 아쉽고 속이 쓰리겠지만 그 행동은 나중에 더 커다란 보상이 되어 당신에게 돌아올 것이다.

동료들의 존경을 받는 사람이 되라. 희생과 배려의 정신을 마음속에 품고 살아간다면 당신도 존경받는 사람이 될 수 있다.

Golden Rule 07

직장생활의 원칙과 기본은 바로 동료들에게 존경을 받는 것이다. 타인의 존경은 희생과 배려 없이 얻을 수 없다.

Part 8
능력이 무르익을 때까지 기다리라

윤 차장은 승진계획서에 동그라미를 쳐가며 재무와 관련된 신간 서적을 읽고 있었다. 벌써 꽤 오랜 기간 많은 책을 읽었다. 어느 날 계획서에 친 동그라미를 세어 보니 서른세 개나 되었다. 즉 서른세 권의 책을 읽었다는 뜻이다. 선진 재무기법을 다룬 책부터 재무와 관련된 논문까지 자신의 실력을 조금이라도 키울 수 있다는 판단이 들면 주저하지 않고 구해서 읽었다.

책 속에는 참 많은 것이 들어 있었다. 그의 업무는 다람쥐 쳇바퀴 돌듯 정해진 일과를 반복하면 되는 것이었기에 지금까지 이런 관리기법이 있다는 사실에 신경조차 쓰지 않았다. 그런데 공부를 하고 보니 재무에 관한 선진 기법이 상상하지 못할 만큼 높은 수준으로 발전되어 있었다. 그는 가급적 책을 정독하며 중요한 부분은 형광펜으로 덧칠해놓고 몇 번씩이나 반복해서 읽곤 했다. 시간이 지나고 윤 차장이 읽은 서적의 권수가 늘어갈수록 그의 머릿속에는 새로운 지식이 자리를 잡았다.

최근 화두는 글로벌 경영환경 변화에 따른 재무구조 개선이었다. 세계화된 시대에서 기업 경영을 하면서부터 비효율적인 부문의 재무구조를 과감하게 개선하여 최대한의 이익을 창출해야 한다는 인식이 점차 높아가는 실정이었다. 더불어 업계 간 인수합병 및 아웃소싱을 통한 원가절감 방안이 현재 재무처의 최대 현안으로 떠오르고 있었다.

이에 따라 재무처에서는 더 나은 전략 수립을 위해 워크숍과 팀 미팅을 지속적으로 시행했다. 오늘도 용인에 위치한 콘도에서 3박 4일 일정으로 워크숍이 진행되고 있었다. 재무처 직원들과 관련 부서 직원들이 공동으로 참여한 워크숍이었다.

팀별로 정해진 주제를 놓고 회의를 하고, 그중 가장 뛰어난 전략을 수립한 팀이 사장과 임원진 앞에서 다른 워크숍에서 1등을 한 팀들과 함께 발표를 하기로 되어 있었다. 이번 경쟁에서 이긴다면 개인뿐 아니라 조직의 위상도 높일 수 있었다.

각각 열 명으로 구성된 일곱 개의 팀은 열띤 토론을 하며 최선의 전략을 모색했다. 대부분의 팀들이 저녁 늦게까지 쉬지 않고 전력을 다하며 그 어느 때보다 뜨거운 워크숍 분위기를 연출했다. 이번 워크숍의 주제는 수출이 주를 이루고 있는 A기업이 가장 민감하게 반응해야 하는 외환 위험에 관한 것이었다.

윤 차장은 마지막 7팀의 팀장이었다. 회의를 맡아 진행을 시작하면서 윤 차장은 서기에게 각 팀원들이 제시한 의견을 꼼꼼히 적도록 했다. 일단 자신은 의견을 말하지 않고 팀원들이 발언할 때마다 고개를 끄덕이며 좋은 의견이라는 말로 사기를 북돋는 역할만 했다. 윤 차장은 평소 회의 때도 주로 다른 사람의 의견을 듣는 편이었기 때문에 그가 주관하는 회의는 언제나 난상토론이 벌어지곤 했다.

그러나 이번에는 달랐다. 워크숍 일정을 하루 남기고 각 팀이 발표 자료를 정리하기 시작할 때 윤 차장의 무거운 입이 열렸다. 그의 입에서 나온 이야기에 팀원들은 입을

쩍 벌렸다. 고환율이 회사에 미치는 영향부터 가장 타격을 받는 부분에 대한 세밀한 분석과 그에 따른 대처 방안이 줄줄이 쏟아져나왔다. 현실에 대한 냉철한 시각으로 회사가 처한 위험을 최소화할 수 있는 방안들이었다. 팀원들은 윤 차장의 발언이 끝날 때까지 아무런 말도 하지 못했다. 다른 때처럼 의견에 문제점을 지적하고 나서는 사람도 없었다. 모두들 조용히 침묵을 지키다가 원 대리를 시작으로 우렁찬 박수를 보냈다.

결국 7팀은 윤 차장이 내놓은 안을 중심으로 전략을 마련했고 파워포인트로 보고서를 작성했다. 꼬박 하루 걸려 만든 보고서는 완벽 그 자체였다. 워크숍이 마무리되는 날 재무이사가 참석한 발표회에서 7팀은 다른 팀과 확연히 차이가 나는 뛰어난 기획안으로 1등을 할 수 있었다. 7팀 팀원들이 환호성을 지르는 가운데 재무이사는 아주 흡족한 표정으로 그들을 격려했다.

이제 남은 것은 다른 워크숍에서 1등을 한 다섯 팀과 사장 앞에서 경쟁하는 일이었다. 불과 일주일 후가 바로 결전의 날이었다. 윤 차장은 집중적으로 보고서를 다듬기 시작했고 고환율에 대한 각종 서적을 뒤져가며 발표할 내용을 보충했다. 그러고는 3일에 걸쳐 자연스럽고 명쾌한 발표를 할 수 있도록 연습을 반복했다.

사실 그는 이번 기회를 석 달 전부터 노리고 있었다. 재무처가 주관이 되는 워크숍이 있다는 이야기를 듣고 미리 주제를 알아내어 집중적으로 공부를 했던 것이다. 그 결과 윤 차장은 팀원들이 놀랄 정도의 전략을 내놓을 수 있었다. 이제 사장 앞에서 자신의 실력을 선보이기만 하면 이번 일은 성공적으로 마무리가 될 터였다.

최고가 된다면 좋겠지만 그렇지 않다 해도 괜찮았다. 사장 앞에서 발표한다는 사실만으로도 충분히 성공한 것이라고 생각했다. 하지만 후회하지 않기 위해 그는 마지막 발표 준비에 최선을 다했다.

발표날은 그 다음 주 수요일이었다. 300석에 달하는 대강당 좌석은 직원들로 가득 찼고 발표 시간이 다가오자 사장을 비롯한 본사의 쟁쟁한 임원들이 모두 나타나 자리에 앉았다.

윤 차장은 대기실에서 마른 침을 삼키며 그들의 얼굴을 하나씩 훑어나갔다. 저들이 자신의 운명을 손에 쥐고 있는 사람들이었다.

곧이어 실내의 등이 어둡게 조절되며 화면이 밝아졌다.

제일 먼저 발표자로 나선 사람은 홍보실의 이 차장이었고 그의 발표 주제는 '고객의 사랑을 받는 홍보기획안'이었다. 잘생긴 이 차장은 막힘없이 유연한 태도로 준비한 자료를 발표해나갔다. 훌륭한 프레젠테이션이었다. 쉽게 이해가 되면서도 핵심을 정확히 짚어내는 발표기술은 아주 인상 깊었다. 발표를 끝내고 돌아나오는 그의 등 뒤로 사람들의 박수갈채가 쏟아지는 것을 보며 윤 차장은 깊게 심호흡을 했다.

첫 번째 발표자 뒤에는 또 얼마나 대단한 사람들이 기다리고 있을까 싶었지만 두렵다는 생각은 들지 않았다. 최선을 다해 준비했기 때문에 자신도 남들 못지않게 할 수 있다고 속으로 끊임없이 주문을 외웠다.

운명의 시간은 다가와 드디어 그의 차례가 되었다. 기다릴 때는 초조함 때문에 떨어져나갈 것처럼 쿵쾅대던 심장이 이상하게도 차분하게 가라앉았다. 움츠러든 어깨를 쫙 펴고 보고석으로 걸음을 옮겼다.

드디어 프레젠테이션이 시작되었다. 아무것도 보이지

않았고 아무것도 생각나지 않았다. 오직 기계처럼 준비한 내용들을 하나씩 끄집어내어 강당을 가득 채운 사람들에게 전달할 뿐이었다. 제한된 10분은 순식간에 지나갔다. 윤 차장이 마지막 인사말과 함께 허리를 숙일 때 사장이 고개를 크게 끄덕이는 것이 보였고, 곧이어 우레와 같은 박수소리가 터져나왔다.

그때부터 윤 차장의 심장은 다시 무섭게 떨리기 시작했다. 모든 것을 마쳤다는 안도감 때문인 모양이었다. 어떻게 거기서 걸어나왔는지 모를 정도로 그를 향한 박수소리는 우렁찼다.

● ● ● ● ● ● ● ● ● ● ● ● ‧ ‧

앞에서 나는 모든 것의 근본에 실력이 밑바탕되어야 한다는 것을 계속 강조했다. 당신이 직장에 들어가 일을 하는 대가로 월급을 받는 순간부터 그것은 운명처럼 정해진 일이다.

적자생존의 게임. 회사는 경쟁자들을 물리치고 더 많은

물건을 팔아 이윤을 극대화해야만 살아 남을 수 있다. 이윤을 내지 못하고 적자에 시달리게 되면 아무리 큰 대기업이라 해도 무너질 수밖에 없다. 따라서 기업은 각 분야에서 뛰어난 능력으로 이윤을 창출할 수 있는 직원들을 필요로 한다. 대부분의 회사가 일류대학 출신을 원하는 것도 이 때문이다.

당신과 함께 근무하는 동료들은 당신과 비슷한 경로를 거쳐 회사에 입사한 사람들이다. 즉 그들이 당신보다 절대 뒤떨어지지 않는다는 뜻이다. 그럼 당신이 두드러진 능력을 발휘하려면 어떻게 해야 할까?

비슷한 두뇌를 가진 조직원들 사이에서 능력을 내보이기란 무척이나 어려운 일이다. 그렇다고 포기할 순 없다. 그 가운데 몇 가지 기술을 공개해보겠다.

능력은 절실함에 비례한다

나와 같은 대학 출신인 입사동기 중에 학창시절부터 상위권을 놓치지 않던 친구가 있다. 그런 녀석이 직장에서는 이해가 안 될 정도로 진급을 하지 못했다. 늘 마지막 고비를 넘기지 못하고 주저앉았던 것이다.

두 번의 실패를 맛보고 마지막 기회만 남았을 때 그는 어떻게든 회사에 자신의 능력을 증명하기로 결심했다. 회사에서는 건설부문에서 가장 뛰어난 실력을 보인 직원을 뽑아 '탑건'이라는 명칭을 수여한다. 특별한 부상은 없는 명예에 불과했으나 회사 전체에 이름을 날릴 수 있는 절호의 기회였다.

동기는 탑건이 되기 위해 전력을 기울였다. 탑건과 관련된 정보를 수집해서 철저히 대비하고 몇 달 동안 전공과 관련한 공부를 계속했다. 그 노력과 의지는 눈물겨울 정도였다. 결국 그는 단 한 명에게 돌아가는 탑건의 명예를 움켜잡았고, 그해 무리 없이 승진을 했다. 탑건에 뽑히고 승진을 한 후 함께한 술자리에서 그는 내게 이런 이야기를 했다.

"이번에 모든 것을 걸었다. 마지막 희망이라고 생각해서 죽을 각오로 덤볐어. 힘들었지만 할 수 있다는 생각을 버리지 않았지. 그리고 해냈어. 이 길만이 내가 승진할 수 있는 유일한 방법이라고 생각하니까 아무것도 두렵지가 않더라고."

그는 말을 마치고 새삼 감회에 젖는 듯 술잔에 가득찬 술을 단숨에 들이켰다. 나는 잔을 채워주며 그 의지와 노력을 칭찬할 수밖에 없었다.

능력도 뜸을 잘 들여야 익는다

회사생활을 하다보면 자신의 능력을 나타내기 위해 쉴 새 없이 의견을 내는 사람이 있는가 하면, 어떻게든 타인의 의견에 꼬투리 잡아 끌어내리려는 사람이 있다. 또 어떤 사람은 아무런 의견도 없이 회의시간 내내 침묵으로 일관하기도 한다.

이 세 유형 가운데 누가 가장 현명해 보이는가? 그렇다. 그 누구도 현명하지 못하다. 하지만 직장인의 90퍼센트 이상은 위의 어리석은 유형에 포함된다. 이런 동료들이 주변에 포진돼 있는 한, 당신이 능력을 증명하기 위해 조급해할수록 수렁에 빠져들게 된다. 자칫하면 견제를 받아 도태될 위험도 있다. 쌀이 맛있는 밥이 되기 위해서는 충분히 뜸을 들여야 한다는 사실을 기억하라.

뜸 들이는 방법은 간단하다. 함부로 의견을 말하지 말고 다른 사람의 의견을 경청하는 자세를 취하는 것이다. 남들이 의견을 낼 때마다 그 사람 의견에 공감한다는 표시를 충분히 하도록 하라. 이런 간단한 행동만으로 어느새 당신은 그들의 우군이 될 것이며 사람들 사이에서 중간 이상의 실력자로 대우받게 된다. 물론 견제를 받을 이유도 없다. 그저 고개를 끄덕이고 칭찬을 한다 해서 중간 이상의 평가를 받게 된다니 믿겨지지 않겠지만 엄연한 사실이다.

더군다나 당신은 위험에 처할 일도 없다. 설령 당신의 동의하에 채택된 그들의 의견의 실행결과가 실패라 하더라도 당신에게는 아무런 책임이 없다. 반대로 성공했을 경우에는 보상을 같이 나눌 기회가 생긴다. 성공한 사람은 언제나 마음이 넉넉해지는 법이어서 적극적으로 동의한 당신에게도 떡고물이 떨어질 것이다.

그렇다고 해서 말도 안 되는 의견에도 무턱대고 고개를 끄덕이라는 말은 아니다. 그렇게 한다면 당신이 지금까지 한 행동은 모두 물거품이 되고 만다. 그게 무슨 대수냐고 생각하는 사람도 있을지 모르겠으나 이는 너무도 치명적인 행동이다. 당신의 동료가 말도 안 되는 의견을 주장할 때는 그저 잠자코 있으라. 그렇다고 앞장서서 비판하지도 말라. 당신이 아니더라도 다른 사람들이 그에게 수많은 비판의 화살을 쏠 것이다. 쓸데없이 손에 피를 묻히는 짓을 해서는 안 된다.

자, 이제 충분히 뜸이 들었다면 기회를 노리는 일만 남았다. 사소취대捨小取大. 바둑의 중요한 전법 중 하나가 바로 이것이다. 중요하지 않은 일상적인 회의에서 자신을 드러내기 위해 발버둥치는 어리석음을 범하지 말라. 기다리다보면 당신이 얼마나 뛰어난 능력을 가졌는지 보여줄 기회가 분명히 온다. 그 기회를 잡으라. 모든 것을 걸고 그 기회를 잡았을 때 당신은 진정한 실력자의 면모를 온 천하에 내보일 수 있다.

하지만 그 기회는 저절로 찾아오지 않는다. 당신이 먼저 준비하고 기다려야 그 기회는 조용하게 모습을 드러낸다. 누차 강조했듯이, 실력을 키워놓고 기회를 분석하여 자신이 내놓을 수 있는 최상의 패를 준비해야 한다. 그리고 한 방에 터트리는 것이다.

당신은 이미 충분히 뜸을 들였고 당신의 의견에 고개를 끄덕여줄 우군도 만들어놓았다. 이제 당신은 성공 가능성을 충분히 점치며 패를 꺼내들 수 있다. 이것이 당신의 능력을 가장 효율적으로 나타낼 수 있는 기술이다.

지금까지 설명한 방법에는 여러 가지 요소가 모두 포함되어 있다. 대인관계에 관한 원칙과 기본적인 실력, 뜨거운 의지 또한 필요하다. 세상은 복잡해서 단순한 생각으로 부딪치면 실패할 가능성이 크며 결국 원하는 바를 성취하지 못하게 된다. 만약 당신이 '돼도 그만, 안 돼도 그만'이라는 생각을 한다면야 상관없겠지만, 반드시 성공하고 싶다면 끝장을 봐야 하지 않겠는가.

회사는 당신에게 능력이 있기를 바라며 당신이 능력을 보였을 때 그에 걸맞은 대우를 해준다. 이제 그러한 능력을 회사에 내보이는 것은 당신의 몫이다. 먹이를 낚아채기 위해 창공에서 부리를 내리꽂는 독수리처럼 기회를 잡으라. 당신이 그 기회를 잡았을 때 승진은 아주 가까이에 와 있을 것이다.

Golden Rule 08

기다리다보면 당신이 얼마나 뛰어난 능력을 가졌는지 보여줄 기회가 분명히 온다. 그 기회를 잡으라.

Part 9
상사의 속마음 들여다보기

 윤 차장은 회식장소를 잡으라는 부장의 지시에 회사에서 얼마 떨어지지 않은 곳에 있는 횟집을 예약했다. 올해 내부평가에서 재무처가 1등을 하여 상금 100만 원을 받은 터라 평소에는 엄두도 내지 못할 비싼 횟집을 당당하게 예약할 수 있었다. 더군다나 오늘은 재무이사까지 참석하기로 돼 있어서 윤 차장은 꼼꼼히 이동경로와 회식 일정을 점검했다. 그러고 나서 퇴근시간보다 조금 일찍 회사를 나온 뒤 곧장 회식장소로 가서 경비에 맞춰 음식을 주문해두었다. 재무이사와 직원들이 도착하면 곧바로 음식이 나올 수 있도록 조치한 뒤 밖으로 나와 담배를 꺼내

들었다.

  누가 본다면 이상하게 생각할지도 모를 일이었다. 차장이 회식장소까지 직접 와서 사소한 부분까지 챙기다니, 다른 부서 사람들이 알았다면 분명히 어처구니없어하면서 비웃었을 것이다. 회식 일정은 대리들이 알아서 챙기고 차장급들은 늦지 않도록 도착해서 먹어주는 게 관례이기 때문이다. 하지만 언제부턴가 윤 차장은 회식에 관한 일을 직접 챙기기 시작해서 밑에 있는 원 대리를 당황하게 만들었다.

  담배 한 모금을 길게 뿜어내고 눈을 들어 거리를 보니 어느덧 퇴근이 시작되었는지 거리에 차량과 사람들이 늘어나기 시작했다. 이제 곧 직원들이 도착하겠다는 생각을 하며 옆에 놓여 있는 의자에 앉으려는데 고급 승용차 한 대가 들어서더니 윤 차장 앞에서 멈추었다.

  눈에 익은 차였기에 의자에 앉으려던 윤 차장이 다시 엉덩이를 들었다. 그 차가 재무이사 것이라는 사실이 떠오르는 순간 머릿속이 빠르게 회전하면서 윤 차장은 곧장 앞으로 나가 차 문을 열었다. 재무이사는 환한 미소를 지으며 차에서 내렸다.

"자네가 먼저 온 건가?"

"그렇습니다. 준비를 하려고 조금 먼저 왔습니다."

"자네 같은 고참이 아직도 이런 일을 한단 말인가? 밑에 직원한테 시키지 않고?"

"오늘만 제가 하는 겁니다."

"하여간 사람 하고는…, 들어가세."

재무이사는 윤 차장의 대답을 들은 후 빙긋 웃으며 먼저 걸음을 옮겼다.

그 후 5분도 채 지나지 않아서 직원들이 횟집으로 들어오기 시작했다. 서른 명 가까이 되는 재무처 직원들로 예약해놓은 방은 금세 꽉 들어찼다. 좋은 일로 하는 회식이니만큼 분위기는 유쾌했다.

술잔이 돌면서 처음에는 조심스럽던 직원들의 목소리가 점점 커지기 시작했다. 호탕한 웃음소리가 연신 들려왔고 재무이사를 중심으로 장안에 화제가 되는 이야기들이 자연스럽게 펼쳐졌다.

재무이사가 꺼낸 주제는 다양했는데 특히 주식과 부동산에 대해서는 일가견이 있었다. 그가 먼저 자신의 주식 성공담을 이야기하자 직원들도 하나둘 경험담을 털어놓으며 분위기가 달아올랐다. 오직 한 사람 윤 차장만은 아무런 말도 하지 않고 재무이사의 이야기만 듣고 있었다. 그런 모습이 재무이사의 호기심을 자극했다.

"윤 차장, 자네는 왜 아무 말이 없나. 주식 안 하나?"

"예, 저는 주식 근처에도 안 가봤습니다."

"왜?"

"집 장만할 때 받은 대출 때문에 여유가 전혀 없습니다."

"얼마나 받았는데?"

"1억 받았습니다. 입으로는 쉽게 1억 하고 말했는데, 막상 빚이 되니까 엄청나게 부담되는 금액이더군요."

"음… 그렇지. 집이 몇 평인가?"

"서른두 평입니다."

"그렇군."

여기까지 물은 후, 재무이사는 다른 직원들에게 눈을 돌려 새로운 화제를 입에 올렸다. 요즘 유행하는 패션에 대한 이야기였다.

약 한 시간 반 정도 자리를 지키고 있던 재무이사는 회식이 끝나지 않은 상태에서 직원들을 남겨놓고 대리운전 기사를 불렀다. 부서 회식 자리에서 상사는 가급적 일찍 일어나주는 것이 예의라는 게 그의 평소 생각이었다.

주량이 상당한 그였지만 서른 명에 달하는 재무처 직원들과 술잔을 나누다보니 얼큰하게 취한 상태였다. 오늘은 특히 기분 좋은 날이라 직원들이 가득 따라주는 잔을 하나도 사양하지 않은 터였다. 그는 기사에게 집을 가르쳐주고 잠에 빠져들었다.

잠깐 눈을 감았다고 생각했는데 누군가 어깨를 두드리는 느낌에 퍼뜩 일어나보니 벌써 집 앞이었다. 습관적으로 왼쪽 손목을 들어 시계를 보니 10시를 가리키고 있었다. 아직 아내가 정한 통금시간 이전이니, 잔소리 들을 걱정은 없었다.

"얼마요?"

차에서 내린 재무이사가 지갑을 꺼내면서 묻자 시동을 끄고 따라 내린 기사가 입을 열었다.

"대리비는 이미 계산하셨습니다."

"계산을 했다고요?"

"예, 아까 손님을 배웅하던 분이 하셨는데요."

"허…."

"잘 모시라고 팁까지 얹어주신 걸요. 저는 이만 가보겠습니다. 그럼 쉬십시오."

얼떨결에 대리기사의 인사를 받은 재무이사는 그 뒷모습을 보면서 잠깐 동안 멍하니 서 있었다. 자신을 따라 나온 사람은 윤 차장뿐이었다. 회식이 끝나지 않은 상태였기 때문에 슬쩍 일어났는데 눈치를 챈 윤 차장이 따라 나온 것이다.

대리기사가 마치 기다렸다는 듯이 나타나서 자신의 차를 대기에 이상하다고 생각했는데 이제 보니 윤 차장이 미리 준비해놓은 모양이었다. 그렇다 해도 대리운전 비용까지 계산하리라고는 생각지 못했다.

고개를 절레절레 흔들며 천천히 아파트 현관으로 들어서는데 휴대폰이 울렸다.

"여보세요?"

"이사님, 윤 차장입니다."

"어, 자넨가?"

"잘 들어가셨나 걱정되어 전화드렸습니다."

"방금 도착해서 들어가는 중이네."

"다행입니다. 오늘 약주가 과하셨는데 괜찮으십니까?"

"많이 마시지 않았어. 이 정도는 끄떡없네."

"대단하십니다. 보통 체력 가지고는 힘든 일인데 이사님은 평소 몸 관리를 잘하시나 봅니다."

"허허… 관리는 무슨…."

"하여간 오늘 고생 많으셨습니다. 이사님, 편히 쉬십시오. 내일 뵙겠습니다."

"그래, 자네도 너무 많이 마시지 말고 쉬게."

입가에 미소를 지으며 휴대폰을 닫은 재무이사는 아까 자신을 바라보며 멋쩍게 이야기하던 윤 차장을 떠올렸다.

학벌도 시원치 않고 집안도 그리 잘 살지 못한다고 들었다. 더군다나 집을 사기 위해 대출까지 얻었다고 하니 형편이 무척 빠듯할 듯했다. A기업의 월급이 다른 회사보다 많다고는 하나 1억이라는 은행빚에 이자를 내고 나면 생활하기가 쉽지 않은 터였다.

그런 사람이 대리운전 비용까지 내다니. 다른 사람이었다면 회식 경비에서 그 비용을 충당했을 테지만, 윤 차장은 지금까지 지켜본 바로는 절대 공금을 함부로 축낼 사람이 아니었다. 한편으로는 허락도 받지 않고 대리운전 비용을 낸 것이 괘씸했고, 한편으로는 그 정성이 기특하기도 했다. 그리고 잠시 후 괘씸한 마음 대신 기특한 마음이 점점 더 커져 그의 가슴을 가득 채웠다.

배경도 빽도 없지만 참 성실한 친구. 엘리베이터 버튼을 누르면서 재무이사는 힘닿는 한 윤 차장을 도와줘야겠다고 자연스럽게 마음을 먹었다.

● ● ● ● ● ● ● ● ● ● ● ●

직장생활을 하는 사람들이라면 누구나 상사의 마음을 알고 싶을 것이다. 모든 직장인의 운명은 상사에게 달렸으니 그렇지 않다면 오히려 이상한 일이다. 그만큼 상사라는 존재는 당신의 회사생활을 결정짓는 중요한 인물이다.

지금부터 상사의 특성에 대해서 이야기하고자 한다. 상사의 특성을 안다면 회사생활을 편하게 하는 것은 물론이고 승진을 비롯한 모든 면에서 유리한 위치에 설 수 있다. 자, 이제 귀를 활짝 열고 들어보라.

상사는 일사분란한 조직을 원한다

상사는 리더십을 가장 큰 덕목으로 꼽는다. 리더십이란 무리를 이끄는 힘을 말한다. 상사가 가장 듣고 싶어하는 칭찬은 바로 리더십이 뛰어나다는 말이다. 자신보다 직책이 높든 낮든 상관없이 누구에게서든 이런 칭찬을 들으면 기뻐하게 마련이다.

상사의 리더십은 조직이 얼마나 안정되고 발전적인가에 따라 평가할 수 있다. 따라서 상사는 자신의 지도력에 따라 조직이 일사분란하게 움직이기를 원한다. 그런데 이런 상사의 마음을 모르고 망둥이 날뛰는 것처럼 행동하는 사람들이 있다. 쉽게 말해, 조직의 안정성을 해치는 사람들이다. 리더십이 뛰어나다는 평가를 받고 싶어하는 상사는 이런 사람들을 그냥 두지 않는다.

물론 아주 뛰어난 리더십과 인품을 지닌 상사는 조직에서 불거져나오는 사람마저 포용하고 감싸 안을 것이다. 하지만 대부분의 상사들은 그렇지 않다는 것을 반드시 명심하라.

상사의 정보망은 당신의 생각보다 치밀하다

상사의 정보망은 예상보다 치밀하다. 높은 지위에 있는 관리자는 실무를 하지 않고 자신의 방에서 빈둥빈둥 노는 것처럼 보이나 그들은 모든 조직원들의 신상을 철저히 파악하고 있다. 그들이 무서운 것은 바로 이 때문이다.

당신이 상사를 무시하거나 경시하는 말을 입 밖으로 꺼내는 순간, 자신도 모르는 사이에 날아든 칼날에 언제 피를 흘리게 될지 모른다. 당신이 일하는 시간에 인터넷을 헤매며 주식을 하고 쇼핑을 하는 것을 상사가 모를 것이라고 생각하면 오산이다.

상사는 약자에게 약하다

상사는 완벽한 사람보다 빈틈이 있는 사람을 도와준다. 상사도 사람이다. 누구나 약자를 보호하려는 본능을 가진다. 완벽한 사람보다는 뭔가 빈구석이 있는 사람을 볼 때 돌봐줘야 된다는 의무감을 느끼는 것이다.

쉽게 생각할 때 모든 면에서 손색이 없고 성격적으로나 실력 면에서 뛰어나야만 상사의 인정과 지원을 받을 것 같지만 실제로는 전혀 그렇지 않다. 그렇다고 해서 일부러 일을 못하거나 성격적인 약점이나 문제점을 드러내라는 뜻은 아니다. 그런 것으로 상사에게 찍히는 것과는 엄연히 다른 이야기라는 것은 굳이 설명하지 않아도 잘 알 것이라 믿는다.

자신의 부족한 면을 상사가 자연스럽게 알도록 하는 것이 중요하다. 챙겨주지 않으면 안 된다는 마음이 절로 들게 만드는 것, 이것이 당신의 과제다.

위의 예에서 윤 차장은 재무이사에게 자신의 어려운 재정 상태를 슬쩍 공개함으로써 많은 것을 얻어냈다. 당신이 처한 어려움을 알게 되었을 때 상사는 당신을 도울 준비를 한다.

상사는 무엇보다 성실한 직원을 원한다

상사는 일하지 않는 부하직원을 싫어하고 경계한다. 이것은 일을 잘하거나 못하는 것과는 조금 다르다. 아무리 일을 잘하는 직원이라도 근무시간에 노닥거리거나 컴퓨터로 게임이나 하고 있다면 상사는 결코 좋은 감정을 갖지 않을 것이다.

상사들에게 늘 일에 대해 고민하는 모습을 보여줘야 한다. 일이 있다면 약속을 취소하는 한이 있더라도 야근을 해서 마무리하라. 당신은 조직에서 반드시 필요한 사람이라는 인식을 얻을 것이다.

상사는 충성심과 존경심을 요구한다

상사는 충성심과 존경심을 보이지 않는 직원을 우선 퇴출 대상으로 꼽는다. 이 말에 직장이 군대냐면서 반문을 할지 모르겠다. 존경할 만해야 충성을 하든 존경을 하든 할 거 아니냐고 따지고 든다면 나로서는 더 할 말이 없다.

옛말에 절이 싫으면 중이 떠나야 한다는 말이 있다. 가끔 영화를 보면 부하직원이 못된 상사를 혼내는 장면이 나온다. 그런 장면을 보며 직장인들은 통쾌함을 느끼겠지만 그것은 말 그대로 영화일 뿐이다.

내가 이 글을 쓰는 목적이 당신의 승진을 돕기 위한 것임을 잊지 말라. 상사의 문제점을 끄집어내어 변화시키고야 말겠다는 정의감에 불탄다면 이 책을 조용히 덮는 것이

시간을 절약하는 길이다. 언제 어디서든 상사를 위해 모든 것을 다했을 때 상사는 진정으로 당신을 자신의 사람이라고 인정할 것이다.

바로 이것이 당신이 그토록 원하는 줄을 만드는 가장 효율적인 방법이다. 원시시대를 거쳐 사람이 사회를 구성하기 시작한 그 순간부터 약자는 강자를 위해 존재했다. 지금은 당신이 약자고 상사가 강자다. 승진하고 싶다는 욕망을 가진 한, 당신은 영원한 약자가 될 수밖에 없다.

나는 상사의 특성을 이렇게 다섯 가지로 구분했으나 다른 생각을 하는 사람도 분명 있을 것이다. 실제로 나는 그런 사람을 만난 적이 있다.

10년 전 내가 차장이었을 때, 나의 상사는 회식자리에서 직원들을 이렇게 구분했다.

1. 일도 잘하고 본인, 즉 상사에게도 잘하는 사람.
2. 일은 잘하는데 상사에게는 잘 못하는 사람.
3. 일은 못해도 상사에게 잘하는 사람.
4. 일도 못하고 상사에게도 잘 못하는 사람.

그분은 이렇게 부하직원을 구분하며 나에게 우선순위를 매겨보라고 했다. 대답을 하고 싶었으나 상사의 눈빛을 보고서 나는 입을 다물었다. 직접 설명을 해주고 싶어하는 기색이 엿보여 눈치 없이 나서지 않은 것이다.

"나는 내 밑에 있는 놈이 두 번째나 네 번째에 해당한다면 가차 없이 다른 곳으로 보내버린다. 일하는 능력이 모자라면 그건 어떻게든 보충할 수 있지만 나에게 못하는 놈들은 방법이 없어."

부하직원을 분류하는 그의 방식은 완전히 이분법적인 논리에 의한 것이었다. 자신이 관리하는 조직이기 때문에 다른 건 몰라도 자신에게 잘하지 못하는 것만큼은 절대로 용서하지 못한다는 이야기였다. 그것이 그 사람이 조직을 통솔하는 기본 원칙이었다.

이런 생각을 가진 사람은 직장에서 살아남기 힘들 거라고 생각한다면 아주 잘못 판단한 것이다. 그는 우리 회사 내에서 가장 잘나가는 사람으로 정평이 난 사람이었다. 나는 최근에야 비로소 그분이 직장에서 살아 남는 가장 효율적인 방법을 뼛속 깊이 깨달은 사람이라는 것을 알 수 있었다.

부하직원으로서 내가 앞서 말한 상사의 특성에 맞추기란 힘들다는 것을 나도 잘 알고 있다. 당신뿐 아니라 누구라도 힘든 일이다. 하지만 이 특성을 항상 머릿속에 새겨 놓고, 어느 순간 자신이 그것을 거스르고 있지 않은지 점검해야 한다.

승진을 하려면 누군가의 도움이 절실하게 필요할 것이다. 그 누군가는 당신의 상사라는 것을 잊지 말라. 승진에 가장 커다란 영향력을 행사하는 당신의 상사를 면밀히 파악해서 그의 도움을 받아야 한다. 그가 당신에게 호감을 갖게 하는 것이 승진의 첩경임을 잊지 말라.

Golden Rule 09

언제 어디서든 상사를 위해 모든 것을 다했을 때 상사는 진정으로 당신을 자신의 사람이라고 인정할 것이다.

Part 10
웃음에 운명이 갈린다

성 차장은 급하게 사무실을 나서다 저만치 홍보이사가 다가오는 것을 보고 인사를 했다. 하지만 홍보이사는 그의 인사를 받고도 힐끔 보기만 할 뿐 인상을 굳히며 그냥 지나쳐버렸다.

뭔가 급한 일이 있거나 화가 난 표정이었다. 계급이 깡패라고 했던가. 무슨 일인지는 모르지만 직원의 인사를 받지 않고 지나치는 행동은 분명 잘못된 것이다.

자신도 모르게 불만 섞인 말을 중얼거렸지만 급하게 영업처로 넘겨야 할 일이 있었기 때문에 성 차장은 부리나케 걸음을 옮겼다.

영업부장에게 이번 여름 상품 특별기획안을 설명하고 그에 따른 실행계획을 짜서 이번 달까지 기획실로 넘겨달라는 부탁을 한 후 사무실을 나서는데 뒤에서 누군가 따라오는 소리가 들렸다.

"선배님!"

"어, 천 대리. 오랜만이다."

"예, 그동안 바빠서 찾아뵙지도 못했습니다."

"사는 게 다 그렇지 뭐."

"바쁘시지 않으면 커피 한잔 하시겠습니까?"

"그러자, 대충 바쁜 일은 끝났어."

"가시죠, 비록 자판기 커피지만 제가 쏘겠습니다."

천 대리가 명랑하게 말하면서 성 차장을 복도 끝에 있는 자판기 쪽으로 이끌었다.

밝은 인상의 천 대리는 성 차장의 학교 후배로 영업처에 근무하고 있었는데 불과 석 달 전까지만 해도 성 차장과는 서로 잘 모르던 사이였다. 평소 동문회에 거의 나가지 않던 성 차장이 석 달 전 어쩌다 모임에 나갔는데 그때 천 대리가 허물없이 다가와 깍듯이 인사를 하면서 서로 알게 되었다.

그 후로 천 대리는 그를 만날 때마다 반갑게 말을 붙이곤 했다.

"요즘 안 바쁘냐?"

"바쁘죠. 저희 영업부서야 항상 전쟁터 아닙니까."

"하긴 그렇지."

"선배님 쪽은 어떠세요. 바쁘지 않으세요?"

"몸은 안 바쁜데 머리가 바쁘다."

"하하하, 그렇겠네요. 회사의 전략을 짜내는 것이 보통 일입니까. 몸이 힘든 것보다 머리가 힘든 게 더 고역이죠."

"그렇지, 뭐."

"그런데 선배님은 여전하시군요."

"뭐가?"

"표정 말이에요. 저는 선배님이 웃는 모습을 한 번도 본 적이 없습니다."

"웃을 일이 있어야지."

"제가 선배님 처음 만나던 날 기억나세요?"

"응?"

"그때 동문회 때 말입니다. 선배님이 혼자 계시는데 꼭 화난 사람 같아 보여서 무척이나 망설이다 겨우 말을 붙인 겁니다."

"그래? 이상하군."

"선배님, 거울 좀 보세요. 선배님처럼 체격도 크신 분이 인상까지 쓰니 무서워서 어디 말이라도 붙이겠습니까?"

"인마, 내가 언제 인상을 썼다고 그래!"

천 대리의 말에 성 차장이 눈을 부라렸다.

물론 화가 나서 그런 것이 아니라 천 대리의 직설적인 말에 대한 반사적인 반응이었다. 사실 천 대리의 말이 틀린 것은 아니었다. 보통사람보다 머리 하나가 더 크고 인상마저 좋은 편이 아니었기 때문에 여태 누구도 시비를 걸어온 적이 없었다.

성 차장이 발끈했는데도 천 대리는 특유의 유들유들한 표정으로 말을 이어나갔다. 그는 항상 웃는 모습이었다.

"저니까 아는 거죠. 원래 선배님 표정이 그렇다는 거, 자주 말을 섞으니까 아는 겁니다."

"음…."

"그러니까 좀 웃으면서 사세요."

"이 놈이 커피 한 잔 사주고 아주 협박을 하네. 인마, 이렇게 살아온 세월이 얼만데 그게 쉽게 고쳐지겠냐. 난 그냥 이렇게 편하게 살란다."

"안타까워서 그래요. 선배님처럼 실력 있고, 성품도 좋은 분이 인상 때문에 손해를 보시는 것 같아서요."

"나도 노력은 하는데 잘 안 된다. 하여간 고맙다. 그런 충고는 여간해서 잘 안 하던데…."

성 차장은 빈 종이컵을 구겨 휴지통으로 던졌다. 좋은 얘기지만 후배한테 충고를 들으니 기분이 썩 유쾌하진 않았다. 그때 천 대리의 휴대폰이 울렸고, 잠깐 통화를 한 천 대리가 급하게 휴대폰을 끄며 말했다.

"선배님, 죄송한데 들어가봐야겠습니다. 부장님이 찾으시네요."

"그래, 가봐."

말을 마치고 인사를 하는 천 대리를 향해 손짓으로 빨리 가라는 시늉을 한 후 성 차장은 천천히 돌아섰다.

천 대리가 무엇 때문에 그런 소리를 하는지 본인도 잘 알고 있었다. 사실 그 이야기는 함께 일하는 부장한테서도 들었고 기획실장도 비슷한 말을 한 적이 있었다.

처음에는 고치려고 노력도 해봤으나 잘 되지 않았다. 천 대리에게 말한 것처럼 오랜 세월 동안 익숙해진 표정이 쉽게 변할 리 없었기 때문이다. 억지로 웃어봤으나 가면을 쓴 것처럼 어색해서 며칠 만에 포기하고 말았다.

어차피 회사생활은 얼굴로 하는 게 아니라는 생각도 그의 태도에 한몫을 했다. 그와 15년을 살아온 아내나 매일 부딪치며 사는 직장동료들은 그의 인상보다 성격과 실력을 더욱 가치 있게 봐줄 것이라 믿었다. 물론 아내는 좀 웃으라며 종종 잔소리를 했지만 지금은 거의 포기 상태에 이른 터였다.

아주 중요한 문제가 아닌 한, 하고 싶은 대로 세상을 사는 게 스트레스를 덜 받는 방법이라고 그는 생각했다. 가뜩이나 스트레스 쌓이는데 그런 일로 골머리를 썩이고 싶지 않았다.

천 대리를 만나고서 일주일 뒤 성 차장은 매우 화가 난 상태에서 사무실을 박차고 나왔다. 밑에 근무하는 황 대리가 숫자를 잘못 계산하는 바람에 사장에게 올라가는 보고서에 문제가 생긴 것이다. 기획실장이 그걸 알아냈기에 망정이지 보고서를 그냥 올렸다면 정말 큰일이 날 뻔했다.

덕분에 그는 실장에게 잔소리를 들어야 했고, 부장도 신경 좀 쓰라며 한마디 거들었다. 평소 무슨 일을 하든 철두철미하게 처리해서 윗사람들의 신임을 받고 있던 성 차장이었기에 그 정도로 끝났지, 다른 차장 같았다면 부장이나 실장이나 그냥 넘기지 않았을 것이다.

성 차장은 화가 나서 견딜 수가 없었다. 황 대리에 대한 원망보다는 자기 자신에 대한 자책감 때문에 괴로워 담배를 피워 물고 화를 삭였다. 연속해서 두 대의 담배를 피웠으나 마음은 쉽게 풀어지지 않았다. 그렇다고 마냥 이러고 있을 수는 없었다. 보고서를 보완해서 다시 올려야 했기 때문이다.

휴게실에서 나와 사무실로 가는 내내 마음이 무거웠다. 웬만해서는 하지 않던 실수를 했다는 사실이 자꾸 찜찜한 기분이 들게 만들었다. 그때 맞은편에서 홍보이사가 다가오는 걸 보고 습관적으로 고개 숙여 인사를 하며 지나치려는데 갑자기 홍보이사가 버럭 소리를 질렀다.

"이봐, 자네. 거기 서봐!"

"예, 이사님."

"자네 정말 너무하는 거 아닌가!"

"네?"

"도대체 나한테 무슨 불만이 있기에 나만 보면 인상을 쓰는 건가. 이번 기회에 확실히 좀 들어봐야겠네. 도대체 왜 그래?"

"저는 인상 쓴 적이 없습니다. 제가 이사님께 무슨 불만이 있겠습니까?"

"인상 쓴 적이 없다고! 보다 보다 자네 같은 사람은 처음일세. 한두 번도 아니고 나를 볼 때 마다 인상을 썼는데 아니라고 오리발을 내밀어? 에잇, 몹쓸 사람 같으니."

홍보이사는 버럭 화를 내며 성 차장을 한참 노려보다가 뒤돌아서 휘적휘적 걸어갔다. 어느새 성 차장 주위에는 직원들이 모여들어 무슨 일인가 구경하며 자기들끼리 수군대고 있었다. 성 차장은 자다가 물벼락을 맞은 심정으로 멀어지는 홍보이사의 뒷모습을 멍하니 지켜보았다.

● ● ● ● ● ● ● ● ● ● · ·

누군가를 만날 때 가장 중요한 것이 첫인상이다. 사람들은 첫인상의 느낌을 오랫동안 간직하며 그 느낌을 바탕으로 선입견을 갖게 된다. 첫인상 때문에 중요한 고객이나 상사, 동료들에게 자칫 성실하다는 이미지를 심어주지 못하게 될 수도 있다.

첫인상 관리를 하라

홍보이사는 성 차장의 인상 때문에 불쾌감을 느꼈고 그것이 곧 선입견으로 이어졌다. 왜 그는 업무상 아무런 연관도 없고 잘 알지도 못하는 성 차장에게서 불쾌감을 느꼈을까? 바로 지나칠 때마다 마주했던 성 차장의 무뚝뚝한 얼굴 때문이었다.

누구나 반가운 사람을 마주할 때면 웃으며 인사를 하고, 꺼려지거나 불만이 있는 사람과 마주치면 굳은 얼굴로 인사하게 된다. 홍보이사는 사람의 그런 생리로 미루어 판단하여 성 차장이 자신에게 뭔가 불만이 있다고 생각한 것이다. 성 차장 입장에서는 정말 억울한 일이지만, 그에게 그런 느낌을 받은 사람은 비단 홍보이사만은 아닐 것이다.

성 차장의 웃지 않는 얼굴은 자신도 모르는 사이에 많은 동료와 친지들에게 부담감과 불쾌감을 안겨주었을 것이다. 사람은 누구나 그런 상대에게 쉽사리 말을 꺼내지 않는다. 더군다나 성 차장처럼 덩치가 큰 사람이라면 백이면 백 피하게 된다. 다만 그 사실을 성 차장이 몰랐을 뿐이다.

'웃으면 복이 온다'라는 말이 있다. 자주 웃는 사람은 몸이 건강해지고 같은 상황에서도 스트레스를 덜 받는다고 한다. 또한 웃음은 전염이 되어 지켜보는 사람도 행복해진다. 당신은 지금 내 말이 너무나 당연한 이야기라고 생각할지 모르나 잠깐 글 읽는 것을 멈추고 당신의 평소 표정이 어땠는지 생각해보라.

당연한 위의 이야기를 현실에서 실천하는 사람은 좀처럼 찾아보기 어렵다. 업무 스트레스와 동료 및 상사와의 관계에서 오는 갈등 때문에 직장인들은 늘 긴장 속에 살아갈 수밖에 없기 때문이다. 사실 직장인이 아니라 모든 인간이 마찬가지다. 인간은 눈앞의 일에 대해 끊임없이 생각을 하는데, 그 생각이라는 것 대부분이 스트레스를 주는 것들이다. 웃는 얼굴이 상대방을 편안하게 한다는 사실을 알면서도 그게 잘 안 되는 이유다. 정도의 차이에 따라 성 차장처럼 말도 안 되는 피해를 보는 경우가 생긴다.

성공하고 싶다면 유쾌하게 웃어라

웃음에도 종류가 있다. 어떤 웃음은 상대방을 기분 좋게 만들고, 어떤 웃음은 상대방의 기분을 상하게 만들어 적대감이 들게 한다.

그럼 웃음의 종류에 대해서 짚고 넘어가보자.

첫째, 비웃음. 상대를 낮추어볼 때 자주 짓게 되는 웃음이다. 상대방의 기분을 상하게 하고 불쾌감을 주는 것이 바로 이 비웃음이다. 당신이 짓는 비웃음이 상대에게 큰 상처를 입힐 수 있음을 명심해야 한다. 웃음이라고 다 같은 웃음이 아니다.

둘째, 쓴웃음. 상황 때문에 안 웃을 수가 없어 웃긴 하는데 자의가 아닌 타의에 의해 피동적으로 보이는 웃음이다. 쓴웃음 역시 상대방에게 썩 유쾌한 느낌을 주지는 못한다.

셋째, 억지웃음. 스스로 필요에 의해 만들어내는 웃음이다. 억지웃음도 연습을 통해 유쾌한 웃음으로 바뀔 수 있기 때문에 대단히 중요하다.

넷째, 미소. 보는 것만으로도 상대방을 편안하게 만드는 웃음이다. 미스코리아 대회 참가자들이 가장 힘들다고 이야기할 만큼 자연스러운 미소를 짓는 것은 어려운 일이다. 하지만 자연스러운 미소를 가졌을 때 당신은 누구에게든 편안함을 선물할 수 있다.

다섯째, 넘치는 웃음. 당신이 목표로 삼아야 하는 웃음이다. 다른 사람과 대화를 나눌 때 이런 웃음은 그 자체로 신선한 매력이 된다. 이렇게 웃는 사람은 생각만 해도 기분이 좋아지고 절로 가까이하고 싶어진다.

웃음에도 연습이 필요하다. 어떤 영화에서 주인공이 자연스러운 웃음을 짓기 위해 계속 연습하는 장면을 본 적이 있다. 출근하는 승용차 안에서도 연습을 했는데 꽤 효과적인 것 같았다. 다른 사람의 시선이 닿지 않는 혼자만의 공간에서 하는 연습이기 때문이다. 고객을 상대하는 직종의 사람들은 공개적으로 웃는 연습을 한다고도 하지만 보통의 회사원이 그랬다가는 실없는 사람이라는 소리를 듣기 십상이다.

그 영화를 본 후 한동안 나도 출근길에 영화 속의 주인공이 했던 대로 따라했고 지금도 생각이 날 때마다 연습을 하곤 한다.

당신도 연습이 필요하다. '나는 마음만 먹으면 언제든지 웃을 수 있어.' 하는 자신감은 버리라. 필요할 때 웃는 것도 중요하지만 자신도 모르게 자연스럽게 배어 있는 웃음이 더욱 중요하다. 그래서 꾸준한 연습을 해야 하는 것이다.

혹시 당신은 습관적으로 비웃음이나 쓴웃음을 짓지 않는지 생각해보라. 만약 그렇다면 당신에게는 자신도 모르는 수많은 적이 있을지도 모른다. 성공하고 싶다면 유쾌하게 웃으라. 유쾌하게 웃을수록 동료들은 당신이 정말 필요한 인재라는 긍정적인 선입견을 가질 것이다. 마치 최면에 걸린 듯이.

Golden Rule 10
웃음에도 연습이 필요하다.
필요할 때 웃는 것도 중요하지만
자신도 모르게 자연스럽게 배어
있는 웃음이 더욱 중요하다.

Part II
성공의 전쟁터에서 가정을 지키는 법

"정말이야, 아빠?"
"그럼 정말이지. 내일은 아빠하고 놀이공원 가자."
"와아, 신난다."
초등학교 3학년 아들놈은 윤 차장의 말에 두 팔을 번쩍 들고 환호성을 질렀다. 아이가 신나서 제 방으로 들어가고 나자 아내가 이상하다는 얼굴로 다가와 입을 열었다.
"당신이 웬일이에요?"
"내일은 별다른 바쁜 일이 없어서. 오랜만에 가족 나들이나 하자고."
"살다보니 별일도 다 있네. 당신이 공휴일에 어딜 안 간다고 하니까 오히려 이상해요."

"내일은 정말 가족을 위해서 봉사할게. 맛있는 것도 먹고 재미있는 것도 많이 타자."

"정말이죠? 나중에 딴소리하기 없기예요."

"하하하, 이 사람. 내가 언제 빈말하는 거 봤어?"

"흥, 한두 번 속았어요?"

"그랬나?"

윤 차장이 아내의 날카로운 눈초리를 피하며 머리를 긁적였다.

벌써 1년 넘게 공휴일을 가족과 보내지 못했다. 그전에는 공휴일만 되면 가족과 함께 놀러 다니곤 했는데 승진이 목전에 다가오자 그럴 시간이 없어졌다. 직원들의 경조사를 끊임없이 챙겨야 했고, 사내동호회 활동이 있으면 무슨 일이 있어도 참석하려 노력했다. 동호회 활동을 한 지 1년이 넘어가자 친해진 몇몇 임원들은 수시로 그에게 등산이나 낚시를 하러 가자고 연락을 해왔다.

거절한다는 것은 말도 안 되는 일이었다. 사정해서 자리를 마련해도 시원찮을 마당에 그들 스스로 불러주니 절이라도 해야 하는 상황이었다. 더군다나 평일에도 퇴근 후 사람들을 만나느라 바빴기 때문에 언제부턴가 아내는 그를 보고 하숙생이라 부르기 시작했다. 그렇게 1년을 넘겼으니 아이가 뛸 듯이 기뻐하는 것도, 아내가 의심스러운 시선을 보내는 것도 어쩌면 당연한 일인지 몰랐다.

　살다보니 이런 날도 있을까 싶게 이번 휴일은 아무런 일정이 잡히지 않았다. 임원들의 연락도, 사내동호회 활동도, 직원들의 경조사도 없었다. 돌이켜보니 자신이 생각해도 참 대단하다 싶었다. 사람이 일을 하고 나면 쉬는 것이 마땅한데, 지난 1년 동안 거의 쉬지를 못했다. 육체적인 것보다도 정신적인 피로가 심했다. 임원들과 등산을 가거나 낚시를 하는 것은 결코 즐겁기만 한 여가활동은 아니었다. 매순간이 조심스러워 늘 긴장을 해야 했다.

　푸르른 5월의 하루를 가족과 보낼 생각을 하자 윤 차장도 기분이 좋아져 입가에 절로 미소가 떠올랐다. 아내도 그런 남편을 따뜻한 눈빛으로 쳐다보았다. 잠시 후 아내는 콧노래를 흥얼거리며 슈퍼에 가서 김밥 재료를 사오더니 김밥을 만들기 시작했다. 간단하게 사서 먹자고 했지만, 아내는 집에서 만든 김밥이 최고라고 기분 좋게 대꾸했다.

　놀이공원은 가급적 아침 일찍 갔다가 일찍 돌아오는 것

이 좋다는 것을 알고 있었기 때문에 윤 차장은 평소보다 조금 이른 시간에 잠자리에 들었다. 침대에 누워 다음 주에 해야 할 일들을 떠올리고 있을 때 아내가 이불을 들치며 가슴으로 파고들었다. 오랜만에 마주하는 아내의 품이 부드러워 꼭 안아주었다.

"여보, 미안해."

벌써 결혼한 지 14년이 지나고 있었다. 그동안의 결혼생활을 회상한다면 남편으로서 우등생은 아니더라도 최소한 중간은 된다고 생각해왔다. 그런데 지금은 낙제생에 가까운 신세가 되었으니 아내를 볼 때마다 미안한 마음이 들 수밖에 없었다.

하지만 이해심 많은 아내는 그가 무엇 때문에 그렇게 힘들게 생활해야 하는지를 잘 헤아려주었다. 만약 아내가 묵묵히 참아주지 않고 화를 내거나 끊임없이 잔소리를 했다면 윤 차장은 견디지 못했을 것이다.

열어놓은 창문으로 은은한 달빛이 두 사람을 비추었다. 이런 분위기에서 그냥 잤다가는 맞아죽을 일이기에 윤 차장은 슬며시 아내를 끌어안았다.

그때 머리맡에 놓아두었던 휴대폰이 비명을 질렀다. 분

위기는 순식간에 깨져버렸고 윤 차장은 입맛을 쩍쩍 다시며 휴대폰을 들었다.

"여보세요?"

"선배님, 박 차장입니다. 방금 연락이 왔는데 기획실장님이 부친상을 당하셨답니다."

"뭐, 언제?"

"9시경에 돌아가셨다네요."

"상가는 어디라는데?"

"김천에 있는 화령병원이랍니다."

윤 차장의 얼굴에 순식간에 그늘이 드리워졌다. 통상적으로 삼일장을 하기 때문에 오늘 9시에 돌아가셨다면 내일모레가 발인이었다. 그 이야기는 반드시 내일 문상을 가야 한다는 뜻이다.

윤 차장은 무슨 일이냐는 듯 쳐다보는 아내를 힐끔 돌아보고 무겁게 입을 열었다.

"박 차장은 어쩔 건데?"

"저는 내일 다른 일이 있습니다. 선배님은 어쩌실 생각입니까?"

"나는 가봐야 할 것 같아."

"그럼 제 부조 좀 부탁드립니다."

"알았어."

윤 차장은 휴대폰을 내려놓고 길게 한숨을 쉬었다.

다른 사람도 아니고 기획실장이다. 웬만하면 이번만은 가족과의 약속을 지키고 싶었지만, 기획실장은 회사에서 막강한 영향력을 가진 사람이었다. 더군다나 그는 자신의 경쟁 상대인 성 차장의 직속상관이기도 했다.

김천까지는 적어도 세 시간 반에서 네 시간이 걸린다. 왕복 여덟 시간을 잡고 두 시간 정도 상가에 머문다고 보면 저녁이나 되어야 집에 돌아올 수 있을 것이다.

"여보…."

"…."

아내는 윤 차장의 부름에도 이번만은 참지 못하겠다는 듯 홱 하고 등을 보이며 돌아누웠다.

통화 내용을 대충 짐작한 모양이었다. 아무리 착한 아내라 하더라도 이번에는 그냥 넘어가기가 힘들 것이다. 다시 한번 한숨을 내쉰 윤 차장이 아내의 어깨에 손을 올리자 아내는 그의 손을 뿌리쳤다. 찬바람이 휙휙 돌았다.

"기획실장님 부친상이야. 안 가면 안 돼."

"부조만 해도 되잖아요!"

"이제 얼마 남지 않았어. 여보, 나들이는 다음에 하자. 미안해."

"그런 말 듣기 싫어요. 미안하다는 말을 너무 많이 한다고 생각하지 않아요?"

"어쩔 수 없는 일이잖아. 이렇게 될 줄 누가 알았겠어?"

"나는 괜찮아요. 하지만 애는 어떡해요? 아까 좋아서 펄펄 뛰는 거 못 봤어요!"

"….."

"이번에는 그냥 부조만 해요. 애 생각도 해야죠."

"미안해. 꼭 가야 하는 자리야."

"그래요! 맘대로 해요!"

근 1년 만의 나들이 약속을 깨트리고 상가에 가겠다는 남편을 아내는 용서할 수 없었던지 결국 자리에서 벌떡 일어나 방을 나가버렸다. 아내는 화가 머리 꼭대기까지 나면 목소리를 높이는 대신 아이의 방으로 건너가 자곤 했다. 따라가서 달래주는 것이 옳을 듯했지만 윤 차장은 자리에서 일어나지 않고 눈을 감았다.

이왕 벌어진 일이고 상갓집에는 갈 수밖에 없다. 결과는 달라지지 않는다. 다녀와서 아내의 마음을 풀어주는 것이 최선의 선택이었다.

● ● ● ● ● ● ● ● ● ● ●

　동료 중에 아주 친한 동기생이 있다. 친하기도 했지만 같은 건물을 쓰다보니 자주 마주치곤 했다. 나는 그 친구에게 '휴대폰'이라는 별명을 지어주었는데 볼 때마다 통화를 하고 있기 때문이었다. 내 휴대폰에는 저장된 전화번호가 200개 정도인데, 그 친구는 무려 700개나 되는 전화번호를 저장해놓았다. 게다가 친구는 그 많은 번호를 그냥 놀리지 않았다. 통화가 잦은 만큼 약속도 많았다. 그 친구가 일이 끝난 저녁시간에 약속이 없는 것을 본 적이 없을 정도였다.

　약속 대상은 회사동료, 교수, 친구 등 다양했고 업무관계로 만나는 사람들도 상당수였다. 어느 날 나는 그 친구에게 이렇게 물어보았다.

　"야, 너 제수씨가 도장 찍자고 안 그러냐?"

"그렇지 않아도 하자고 덤비더라."

"당연하지 인마, 그렇게 사는데 누가 가만있겠어?"

"그래서 요새는 밥만 먹고 얼른 들어가. 그렇게만 해도 진짜 좋아하더라."

"잘났다."

"나도 자제해야 한다고 생각하는데 승진 전에 하던 버릇이 있어서 잘 안 돼. 천천히 조절해야지."

승진 전에 나 역시 하루가 멀다 하고 약속을 잡았던 기억이 났다. 친구는 나보다 승진이 2년 늦었는데 아직도 예전 버릇이 남아 있다는 말이었다. 이후에도 친구의 행동은 달라지지 않았고 나는 계속해서 그를 휴대폰이라고 불렀다.

가정과 승진의 관계

승진을 생각하는 당신은 가정에서 점수가 어떻게 되는가? 스스로 괜찮은 남편, 또는 아내라고 생각한다면 당신은 아직 승진할 준비가 되어 있지 않은 사람이다.

모범적인 가장은 회사가 끝나는 대로 돌아와 아이들과

놀아주거나 배우자와 많은 이야기를 나누고 주말이면 가족들과 함께 시간을 보내는 사람일 것이다. 만약 당신이 이런 생활을 하고 있다면 스스로를 되돌아볼 필요가 있다. 승진과 가정은 동전의 양면처럼 완전히 반대쪽에 있기 때문이다.

어디선가 이런 문구를 본 적이 있다.

"회식도 업무의 일환이라면 나는 오늘도 야근을 해야 한다."

개인적으로 남자로서, 가정을 이끄는 남편으로서 참으로 가슴에 와 닿는 문구였다. 접대를 위해 어쩔 수 없이 회식에 참여해야 하는 가장을 설정하여 나온 문구였으나, 승진을 위해 사람들을 만나는 것 또한 마찬가지다. 앞에서도 말했지만, 승진을 위해 자신을 알리는 방법 중 가장 좋은 것이 바로 사람을 직접 만나는 것이다. 선물이나 전화는 사람을 만나기 위한 전초전에 사용하는 수단일 뿐이다.

직장인에게는 시간이 많지 않다. 오직 퇴근 후와 공휴일이 있을 뿐이다. 그런데 대부분의 배우자는 그 시간에 당신이 돌아오기를 학수고대하며 기다리고 있다. 어떻게 해야 할 것인가? 꼭 승진을 앞두고 있지 않더라도 직장생활을 하다보면 회식이나 동문회 등 모임이 수시로 생기게 마련이다.

내 경우 대충 따져보니 일주일에 한 번 꼴은 그런 자리가 있었던 것 같다. 승진을 1년 앞둔 시점부터는 일주일에 최소한 서너 번은 저녁 약속을 잡았고 공휴일은 대부분 집에 있지 않으려 했다. 그렇게 하지 않으면 승진이 어렵다고 판단했기 때문이다.

사람들과 교류가 많아질수록 당신의 이름은 점점 더 알려지고 그들과 친분이 깊어질수록 회사 내에서 평판이 좋아지는 것은 어쩔 수 없는 사실이다. 그렇기에 승진을 생각하는 당신은 당분간 가정을 포기하고 사람들과의 교류에 전력을 기울여야 한다. 물론 가정을 영원히 포기하라는 말이 아님을 잘 알 것이다. 승진을 위해 가정을 포기하는 것은 세상 사람들 모두가 웃을 만큼 어리석은 짓이다.

먼저 배우자에게 당신의 상황을 설명하고 양해를 얻으라. 배우자는 누구보다도 당신의 승진을 바라는 사람이니 부탁을 거절하지 못할 것이다. 그러나 사람은 감정의 동물인 이상, 일단 허락을 한다 하더라도 쌓인 스트레스를 당신에게 주기적으로 드러낼 수밖에 없다.

그때마다 현명하게 대처할 수 있어야 한다. 승진도 중요하지만 더욱 중요한 것은 가정이라는 사실을 잊어서는 안 된다. 당신이 승진을 원하는 이유는 수없이 많겠으나 가장 큰 이유는 가족 앞에 떳떳해지기 위함이다. 이 사실을 무시해버린다면 결국 큰 불행을 맞게 될 것이다.

자기만의 대비책을 만들라

나는 이런 위기를 극복하기 위해 스스로 생각해도 기특한 방법을 사용했다. 바로 '대화'라는 수단이었다. 몇 시에 집에 들어가든 나는 아내와 최소 30분 이상 대화를 나누었다. 술을 마셔 피곤하고 몸이 늘어질 때도 그냥 잠자리에 든 적이 없었다. 대화의 주제는 다양했으나 주로 아내가 말을 하는 편이었다. 직장을 다니는 아내들은 그래도 괜찮지만 대부분의 전업주부들은 하루 종일 나누는 대화의 양이 적은 편이기 때문에 쉽게 외로움에 젖는 경향이 있다. 아내는 그런 외로움을 회사에서 돌아온 남편에게 풀고자 한다.

여자는 하루 6,000마디의 말을 하고 남자는 2,000마디의 말을 한다는 통계가 있다. 그 2,000마디를 남자는 직장에서 모두 사용한다. 지친 상태로 집에 돌아온 남편이 아내와 대화를 한다는 것은 쉬운 일이 아니다. 더군다나 남자는 휴식으로 피로를 풀고 여자는 말로 해소한다고 한다. 하지만 나는 이 사실을 역으로 적극 활용했다.

아내는 내가 옆에서 말을 들어주기만 해도 만족해했다. 최대한 편한 자세로 나는 몇 마디 하지 않는데도 말이다. 내가 내뱉은 단어의 숫자는 아내에 비하면 100분에 1밖에 되지 않았지만 아내는 나의 맞장구에 하루 종일 있었던 일들을 조잘조잘 꺼내며 스트레스를 풀어냈다. 비록 큰 이벤트를 마련해서 감동을 주지는 못했지만 그렇게 하여 매일같이 늦으면서도 나는 중상 정도의 점수를 받을 수 있었다.

당신도 당신만의 방법을 마련하라. 어쩔 수 없이 해야만 하는 일이 있고 그것 때문에 가정의 평화가 깨질 지경이라면 최소한의 대비책이라도 만들어놓아야 한다.

가정보다 직장을 먼저 생각했을 때, 아내와는 반대로 당신을 흐뭇한 얼굴로 바라보는 사람이 있을 것이다. 바로 당신의 상사다.

처제의 결혼식을 앞두고 있었던 일이다. 축의금을 챙길 사람이 마땅치 않았던지 장인께서는 나에게 축의금을 챙겨달라고 부탁을 하셨다. 흔쾌히 승낙을 한 뒤 회식자리에서 부장에게 그 이야기를 했다.

결혼식이 점점 다가와 하루를 남겨두었을 때, 갑자기 특별감사가 시작되었다. 우리 부서는 모두 야근을 하며 12시가 넘도록 감사관들이 요구한 자료를 만들었지만 워낙 양이 많아서 마무리를 짓지 못했다. 더군다나 6시가 넘기 직전, 감사관은 다음날 저녁까지 상당한 양의 자료를 추가로 제출하라는 말을 남기고서 가버렸다. 토요일인 다음날은 처제의 결혼식 날이었기에 암담한 심정이 들었다.

부장은 이미 나에게 처제의 결혼 소식을 들어서인지 아무런 말도 꺼내지 못하고 나머지 직원들에게 토요일 근무를 지시했다. 나는 동생의 결혼에 들뜬 아내의 얼굴을 떠올렸다. 장인과의 약속이 생각났고 꼭 와야 한다는 처제의 목소리가 생생히 들려왔으나, 나는 부장 앞으로 걸어가 책임지고 자료를 마무리 짓겠다는 약속을 했다.

말로는 처제 결혼식에 가야 되지 않느냐고 물으면서도 부장은 크게 안도하는 표정이었다. 만약에 내가 처제 결혼식에 간다면 부장이 대신 나와야 했는데, 감사원 자료는 나의 전문 분야였다.

그 후로도 오랫동안 부장은 그때의 일을 사람들에게 이야기하곤 했다. 물론 책임감이 아주 강한 사람이라는 과대 포장도 빠뜨리지 않았다.

나는 이번 장에서 가정보다 직장을 우선시하는 것이 승진을 위해서 필요하다는 말을 하고 말았다. 물론 승진을 위해 노력하다보면 자연스럽게 가정과 멀어지는 경우가 있지만 자신이 어떻게 행동하느냐에 따라 결과가 180도 달라진다는 것을 잊지 말아야 한다.

배우자와 자녀에게 왜 당신이 집을 비워야 하는지를 이해시키고 그들을 사랑한다는 사실을 수시로 표현하라. 가정은 당신의 뿌리와도 같은 곳이다. 가정이 흔들린다면 승진 또한 아무런 의미가 없음을 잊지 않았으면 한다.

Golden Rule 11
승진을 생각한다면 당분간 가정을 포기하고 사람들과의 교류에 전력을 기울여야 한다. 하지만 가정의 평화가 깨지지 않도록 최소한의 대비책을 만들라.

Part 12
한번 빼어 들면 되돌릴 수 없는 마지막 카드

11월 중순. 윤 차장은 방배동에 있는 기획실장의 집 앞에서 담배를 피워 물고 멍하니 서 있었다. 지난 10월에 찾아와 무턱대고 초인종을 눌렀을 때 기획실장은 잠시 망설이다가 그를 안으로 들여 커피를 내주었다. 하지만 그게 전부였다.

윤 차장이 머리를 조아리며 도와달라고 부탁을 해도 기획실장은 냉정한 얼굴로 미안하다는 말만 되풀이할 뿐이었다. 자기 밑에 있는 성 차장을 진급시키기도 벅차다는 게 이유였다. 한숨이 나왔지만 어쩔 수 없는 일이었다. 기획실장의 입장도 충분히 이해가 갔으나 그 냉정한 모습에 설움이 복받쳐 올랐다.

2년 가까운 시간 동안 온갖 정성을 기울여 심사위원이 될 만한 사람들의 지원을 약속받았으나 기획실장만큼은 요지부동이었다. 기획실장은 A기업에서 막강한 영향력을 행사하는 직책 중 하나였기 때문에 심사위원 명단에 포함될 확률이 아주 높았다. 그를 포기하는 것은 진급을 포기하는 것과 똑같다고 윤 차장은 생각했다.

그래서 그는 마음을 가다듬고 오늘 다시 한번 무작정 기획실장의 집을 찾았다. 찾아가겠다고 미리 말해봤자 오지 말라고 할 테니 사전 약속을 하는 것은 바보짓이었다. 무거운 마음으로 초인종을 누르자 한참 후에 기획실장의 부인이 문을 열고 나왔다. 그는 정중하게 인사를 건넸다.

"사모님, 안녕하세요. 저번에 찾아 뵈었던 윤철영입니다. 실장님을 만나 뵈려고 왔습니다."

"어머, 어쩌죠. 오늘 저녁약속이 있다고 하시던데."

"아, 그러셨군요. 제가 깜박하고 미리 약속을 하지 못했습니다. 제 잘못입니다."

"먼 길 오셨을 텐데, 어쩌나…."

"괜찮습니다. 밖에서 기다리겠습니다. 오늘 꼭 만나 뵐

일이 있어서요. 그럼…."

윤 차장은 다시 공손하게 인사하고 아파트를 내려와 화단에 쭈그려 앉았다.

11월의 날씨는 쌀쌀해서 그는 담배를 한 대 피워 물고 일어나 아파트 단지에서 흘러나오는 불빛들을 바라보며 옷깃을 여몄다. 불빛들은 지금 자신의 처지와는 달리 화려하고 아름답게만 보였다.

한 시간이 지나고 두 시간이 흘렀으나 기획실장은 돌아오지 않았고 싸늘한 날씨 때문에 몸이 점점 굳어왔다. 아무도 반겨주지 않는 곳에서 떨리는 몸을 추스르며 밤하늘을 쳐다보자니 괜히 서글퍼졌다.

'이게 정말 잘하는 것일까?'

하지만 곧 마음을 다잡고 아파트 입구를 서성였다. 잠시라도 자리를 비웠다가 기획실장이 돌아오면 낭패이기 때문에 그곳을 벗어날 수가 없었다. 그는 아파트 입구를 빙빙 돌며 차가워진 몸을 부지런히 움직였다.

그때 안주머니에 넣어두었던 휴대폰이 길게 울렸다.

"여보세요?"

"철영아, 누나야. 잘 있었어?"

"누나, 웬일이야?"

"걱정돼서 전화했어. 지금 어디니?"

"방배동이야. 만날 사람이 있어서."

"왜 또, 승진 때문에?"

"응…. 기획실장님을 만나려고 왔는데 안 계시네. 그래서 기다리는 중이야."

"사람도 없다면서 왜 기다려?"

"오늘 꼭 만나야 해서. 그분의 도움이 꼭 필요하거든."

"밥은 먹었어? 도대체 지금이 몇 신데 아직까지 기다려. 너 얼마나 기다린 거니?"

"네 시간이 조금 넘었네."

"뭐라고!"

"별거 아니야. 조금 지나면 들어오시겠지. 얼굴만 보고 집에 갈 거야."

"밥도 못 먹고, 날씨도 추운데 바보같이…."

"누나 왜 그래, 울지 마. 난 괜찮아. 나같이 아무것도 없는 놈이 이런 정성마저 없다면 어떻게 진급을 하겠어."

"철영아, 누나가 아무런 도움도 되지 못해서 미안하다. 정말 미안해."

"누나, 걱정하지 마. 난 반드시 해낼 거야."

윤 차장은 우는 누나를 간신히 달랜 후 전화를 끊었다.

아버지가 돌아가시면서 누나는 유일하게 남은 혈육이었다. 누나는 중학교만 간신히 나온 뒤 그가 대학에 다닐 수 있도록 뒷바라지를 하느라 많은 고생을 했다. 그런 누나가 자신을 위해 울면서 미안해하고 있었다.

기획실장이 아파트로 들어선 것은 11시가 훌쩍 넘었을 때였다. 다가오는 그에게 윤 차장은 가로막듯 다가가 허리를 깊숙이 숙이고 인사를 했다.

"자네, 웬일인가?"

"실장님을 뵙기 위해서 왔습니다. 그런데 너무 늦어 그냥 돌아가야겠습니다."

"음…."

"실장님, 이건 맨손으로 오기 뭐해서 가져온 겁니다. 받아주십시오."

"이게 뭔가?"

"골프팁니다. 새로 나온 건데 알루미늄으로 만들어서 견고하다고 합니다. 그럼 저는 이만 가보겠습니다. 안녕히

주무십시오."

 기획실장은 윤 차장이 건네는 골프티를 받아들고서 뒤돌아 뛰어가는 그의 뒷모습을 쳐다보다가 걸음을 떼었다.

 그가 여기에 온 이유는 명확했다. 윤 차장에 대한 동료들의 평가는 더할 나위 없이 좋았고 본인도 그렇게 판단하고 있었으나 같은 부서의 성 차장을 생각한다면 결코 도와줄 수 없는 사람이었다.

 그럼에도 그를 볼 때마다 안타까운 마음이 드는 것은 사실이었다. 아무런 배경도 없지만 사람 됨됨이가 참 됐다 싶어 자신도 모르게 도와주고 싶다는 생각이 불쑥불쑥 들곤 했다. 하지만 세상일을 하고 싶은 대로만 할 수는 없기에 그는 걸으면서 고개를 가로저었다. 집으로 들어온 기획실장은 상의를 받아드는 아내의 말을 들은 후 기어코 깊은 신음소리를 내뱉고 말았다.

 지금이 11시 반이니 7시에 왔다면 무려 네 시간 반이나 기다렸다는 이야기다. 그런데 1분조차 되지 않는 짧은 시간 동안 자신을 만난 후 그는 아무런 미련 없이 발길을 돌렸다. 지난번에 찾아왔을 때 그렇게 냉대를 해서 돌려보냈으니 다른 사람 같았다면 얼굴조차 마주치지 않으려 할 텐데, 윤 차장은 여전히 진심어린 자세로 자신을 찾아왔다. 기획실장은 그가 주고 간 골프티를 한참 들여다보았다.

다음날, 퇴근시간이 다 되어가는 6시 무렵 윤 차장의 책상 위에 놓인 전화가 길게 울렸다. 그는 책상 위에 쌓아놓은 서류를 정리하다가 전화기를 들어 공손하게 답했다.
"전화주셔서 감사합니다. 자재1차장 윤철영입니다. 무엇을 도와드릴까요?"
"오호, 제법 친절하네. 요즘 뭐하나?"
"형님, 웬일이십니까?"
"웬일은, 네가 하도 연락이 없어서 먼저 전화해봤다."
"연락이 없기는요. 이틀 전에도 했잖아요."
"짜식, 그냥 말이 그렇다는 얘기지. 오늘 소주 한잔 어때?"
"좋습니다. 형님이 불러주신다면 저야 언제든 콜이죠."
"그럼 이따가 회사 앞에 있는 곱창집으로 나와라."
"오발총 말이죠?"
"그래."
"알았습니다."

수화기를 내려놓은 윤 차장은 고개를 갸웃거리며 책상을 마저 정리했다. 강 부장을 만나고 1년 반이라는 세월이 지나갔다. 정말 눈 깜박할 사이라는 말이 실감날 정도로 빠르게 지나간 시간이었다. 그동안 강 부장은 수많은 조언을 해주었는데 하나하나 뼛속까지 사무치는 내용들이었다.

이제 승진 심사는 두 달 앞으로 다가왔다. 절로 가슴이 뛰었고 긴장감 때문에 일이 손에 잡히지 않았다. 답답한 속을 누구에게라도 좀 풀었으면 싶었는데 마침 강 부장이 전화를 해주니 달려나가 끌어안기라도 하고 싶은 심정이었다.

오발총 곱창집은 유명한 프렌차이즈 곱창집 이름을 본뜬 곳이다. 워낙에 목이 좋고 음식도 맛있어 늘 사람들로 북적였다.

문을 열고 들어서자 곱창 굽는 구수한 냄새가 코를 자극해왔다. 홀을 가득 채운 사람들 사이를 훑어보니 한쪽에서 손을 흔드는 강 부장이 보였다. 윤 차장은 빠른 걸음으로 다가갔다.

"형님, 갑자기 술을 다 사주시겠다니 어쩐 일입니까?"
"하하하, 위로 좀 해주려고 그런다. 어때, 힘들지?"
"귀신이네요."
"인마, 나도 다 겪어본 거야. 아마 지금이 가장 힘들 거다."
"아직 두 달이나 남았는걸요."
"그러니까 영양 보충하고 힘내. 아줌마 여기 곱창 3인분만 주세요!"

강 부장의 외침에 분주히 움직이던 아주머니가 다가와 주문을 받아갔고 얼마 지나지 않아 밑반찬과 곱창이 나왔다. 곱창은 숯불 위에서 금세 지글거리며 기름방울을 뱉어냈다.

강 부장은 곱창이 제대로 구워지기도 전에 벌써 소주를 두 잔이나 마셨다. 곱창을 뒤적거리는 윤 차장을 향해 그가 입을 열었다.

"어때?"
"뭐가요?"
"잘되어가는 거야?"
"잘 모르겠습니다. 형님이 가르쳐주신 대로 최선을 다

했는데 어떻게 될지 장담을 못 하겠어요."

"천하의 윤 차장이 소심함의 극치를 보이는구먼. 남들이 보면 네가 그 얼굴 두꺼운 윤 차장이 맞나 의심할 정도겠다."

"요새는 먹어도 먹는 거 같지 않고, 자도 자는 것 같지 않습니다. 환장하겠다니까요."

"스트레스를 받으면 다 그래."

"죽이 되건 밥이 되건 얼른 끝났으면 좋겠어요."

"거짓말하지 마, 인마. 그런 놈이 그렇게 난리를 쳤어!"

"술이나 드세요."

"자식, 너무 걱정할 거 없다. 너 정도면 최선을 다한 거야."

"정말 잘될까요?"

"최선을 다한 사람은 절대 후회하지 않는 법이다."

"하지만 소문이 들려올 때마다 가슴이 철렁 내려앉아요."

"어떤 소문 말이냐?"

"해외사업실 천 차장은 여당 쪽 국회의원이 민다는 소문도 있고, 사업관리처 황 차장은 사장님하고 먼 친척이랍니다."

"그래서?"

"그 두 사람뿐이라면 다행이겠지만 숨어 있는 자객이 한둘이 아닐 거라는 생각이 들어요. 그래서 최선을 다했는데도 확신하지 못하는 겁니다."

"무슨 소린지 잘 안다. 네 심정도 이해가 가고."

"어쩌면 좋겠습니까?"

"너는 어쩌면 좋겠는데?"

"저는 태어난 게 시원찮아서 빽이라고는 없잖습니까. 그저 지켜볼 수밖에 없다는 게 안타까울 뿐입니다."

"푸하하, 너 무슨 삼류 영화 찍냐? 표정 보니까 꼭 신파극 주인공 같다."

"약 올리지 마시고요."

"나는 어떤 거 같으냐?"

"뭐가요?"

"네가 봤을 때 나는 출신성분이 어떤 것 같으냐고!"

"형님이나 저나 그 밥에 그 나물 아니겠습니까?"

"맞아. 나도 너처럼 어려운 환경에서 자랐다. 하지만 말이다, 나한테는 승진을 앞두고 막강한 백그라운드가 있었어. 물론 지금은 역사의 뒤안길로 사라졌지만…."

"무슨 소립니까?"

"저번 정권의 경제수석이 내 백그라운드였어. 만약 상황이 여의치 않았다면 나는 청와대를 동원했을지도 몰라."

"정말입니까?"

"그래. 하지만 나는 그 **빽**을 가동하지 않았어. 그렇게 하지 않아도 충분히 승진할 수 있다고 판단했거든."

"그분과는 어떤 사인데요. 먼 친척이라도 되는 거예요?"

"아니, 원래는 전혀 상관없는 사이였어."

"그런데 어떻게?"

"나도 너처럼 많이 불안했다. 너무 불안해서 잠이 안 올 정도였지. 주변에는 지름길로 가려는 사람들이 언제나 있었어. 하지만 그 사람들을 원망하지는 않았다. 살아 남기 위한 전쟁에서 치사하다거나 불공정하다는 말은 사치니까. 그래서 나도 백그라운드를 만든 거야."

"형님, 그게 노력한다고 되는 게 아니잖습니까!"

"너, 7의 법칙이라고 알아?"

"그게 뭔데요?"

"나와는 전혀 상관없어 보이는 아프리카의 이름 모를 소년도 일곱 단계만 거치면 알 수 있다는 법칙이야. 다시 말해서 일곱 사람만 거치면 그 아이가 평소에 무얼 하는지 어디가 아픈지 알 수 있다는 거야."

"설마요."

"학술적으로 증명된 이론이야. 아프리카까지도 이 법칙이 통하는데 좁은 대한민국에서는 오죽하겠냐."

"그래서 그 방법으로 청와대 경제수석을 백그라운드로 만든 겁니까?"

"그래. 그리고 운도 좋았지. 그분이 마침 아는 선배의 친척형님이었으니까."

"그래도 그렇지…."

"사람이 하는 일에 불가능은 없어. 하고자 하면 뭐든 할 수 있는 게 사람이야. 7의 법칙을 잊지 마라."

"형님 말씀을 들으니까 이제 조금 용기가 생기네요. 좋습니다. 저도 최대한 인맥을 동원해서 빽을 잡겠습니다."

"정 답답하다면 말리지는 않으마. 하지만 충분히 생각해보고 결정해야 한다."

"자객들이 날뛰는 판인데, 가만히 있으면 당할 수도 있다고요."

"인마, 자객들은 정통 무예를 익힌 고수를 이기지 못하는 법이야. 영화 못 봤어?"

"이건 영화하고 다르잖아요."

"아니야, 똑같아. 백그라운드를 동원해서 성공하는 놈은 열에 하나 있을까 말까야. 자객은 무림고수를 이기지 못한다고 했잖아!"

"그럼 형님은 왜 빽을 만든 겁니까?"

"쩝… 너 같은 생각 때문이었지. 놈들에게 죽을 거란 생각은 하지 않았지만, 자객이 무서운 건 언제 암습해올지 모른다는 거 아니겠냐. 그래서 호위무사를 둘 필요가 있었지."

"저도 마찬가지라고요. 저도 호위무사가 절실하게 필요하다니까요."

"호위무사라도 자객의 암습을 막지 못하면 쓸모가 없지. 일류가 필요하단 거야. 혹시 생각해놓은 사람 있어?"

"아니요. 아직까지는…."

"정 만들어야 한다면 그것부터 생각하고 접근해. 백그라운드를 만들기 위해서는 정확한 목표를 설정하고 움직여야 헛수고를 하지 않아."

"그렇겠군요."

"그리고 또 하나, 백그라운드로 삼을 생각이면 온몸으로 부딪쳐야 한다. 대충 아는 정도가 돼서는 이도저도 아닌게 돼."

"온몸으로 부딪치라…."

"빽이라는 게 뭔가를 생각해봐라. 너의 승진을 위해 결정타를 날려주는 사람이야. 너 혼자 아무리 백그라운드라고 생각해도 그 사람이 너를 위해 적극적으로 움직여주지 않는다면 말짱 도루묵이야."

"그건 당연한 거 아닙니까."

"당연한 말이지만 함정이 있단 말이다."

"함정이라뇨?"

"네 앞에서는 어떤 일이라도 해줄 것처럼 행동해도 실제로는 전혀 움직이지 않는 사람이 있어. 그래서 그 사람의 진심을 알지 못한 채 하늘만 쳐다보고 있다가는 뒤통수 맞는 경우가 생긴단 말이다."

"아이고."

강 부장이 단숨에 술을 들이켜고 곱창을 입으로 집어넣

는 모습을 보며 윤 차장은 입을 떠억 벌렸다. 막상 들어보니 어려워도 보통 어려운 일이 아니었다. 어떻게 사람 속을 들어가보지도 않고 알아내란 말인가.

"어렵냐?"

"그럼요, 어렵지 안 어렵겠어요? 가뜩이나 알지도 못하는 사람인데 마음속까지 알아내야 한다니 골머리가 빠지겠습니다. 그 사람이 저를 위해 움직여줄 거란 확신은 어떻게 할 수 있습니까?"

"여기 술값 네가 낼 거지?"

"형님!"

"싫어?"

"삽니다, 사면 되잖아요."

"어라, 너 신경질 내는 것 같다?"

"아, 진짜 못 말린다니까."

"잘 들어. 백그라운드는 네가 그동안 관리해왔던 키맨이나 인맥과는 확연히 다른 존재야. 그것부터 인식해야 상대를 잡을 수 있어."

● ● ● ● ● ● ● ● ● ● ●

줄과 백그라운드의 차이는 과연 뭘까?

앞에서 승진에 미리 대비하지 못한 사람들을 위한 최후의 방법이 있다고 언급한 적이 있다. 이제 대충 눈치챘겠지만, 바로 백그라운드를 만드는 것이 그 최후의 수단이다. 백그라운드는 열세에 몰린 당신의 처지를 한순간에 역전시킬 수 있는 폭발적인 파괴력을 가진다. 그런 면에서 봤을 때 당신이 승진을 위해 열심히 구축해놓은 회사 내 인맥은 백그라운드에 비해 순간적인 파괴력이 떨어진다고 봐야 한다.

하지만 모든 것에 장점이 있으면 치명적인 단점도 존재하는 법이다.

줄과 백그라운드의 차이

우선 연줄과 백그라운드의 차이점을 생각해보자. 연줄의 특성은 위에서 수없이 말한 것처럼 사람 간의 정에 의해 발생한다. 사람 사이에 한번 맺어진 인연은 겉으로 특별히 두드러지지는 않지만 끈끈하고 질기다. 또한 회사 내의 인맥은 당신의 승진에 자연스럽게 영향을 미쳐 아무런 잡음이 발생하지 않는다. 그들의 도움은 당신의 능력에 대한 평판으로 받아들여지기 때문이다.

하지만 백그라운드는 그렇지 않다. 이들은 경영층이나 회사의 이익에 막대한 영향을 미치는 사람들, 다시 말해 회사나 국가에서 권력의 정점에 선 사람들이다. 그런 사람이 당신과 혈연으로 맺어진 관계라면 그나마 다행이지만, 다른 관계로 연결이 되었다면 그들을 동원하는 데는 큰 위험이 따르게 된다.

그들의 도움은 막강한 파괴력을 발휘하는 반면, 당신의 능력에 대한 평가는 완전히 뒷전으로 밀려난다. 다른 사람들은 이를 그저 강압에 의해 승진한 것으로 판단하기 때문이다. 더군다나 이들은 정으로 움직이는 존재라고 볼 수 없다.

물론 당신이 몇 년의 세월에 걸쳐 꾸준하게 관리를 해왔다면 정으로 얽힌 관계가 되었을지 모르지만, 승진을 위해 급히 관계를 맺은 것이라면 정이란 것은 어디에서도 찾아보지 못할 것이다.

이것이 의미하는 바는 결코 간단하지가 않다. 정으로 움직이지 못한다는 것은 다른 어떤 것으로 움직여야 한다는 뜻이다. 다른 것이라면 무엇이 있을까?

  가장 우선적으로 떠오르는 것이 뇌물이다. 거부하지 못할 정도의 돈으로 그들을 움직이는 것이다. 다음 방법은, 그와 밀접한 누군가를 통해 부탁을 하는 것이다. 물론 효과는 첫 번째 방법보다 덜하다. 더군다나 두 단계를 거치게 됨으로써 역시 만만치 않은 비용이 들게 된다. 정이 배제된 관계에서 사람을 움직이려면 이만큼의 공이 들어가야 한다.

백그라운드의 위험

  어떤 경로를 통했든, 이런 백그라운드를 가동했다고 해보자. 당신의 직장은 사회의 한 요소이면서 동시에 고유의 영역을 구축하고 있을 것이다. 어떤 조직이라도 이런 고유의 영역을 가지는데, 이는 무리생활에서 나타나는 사람의 동물적 본성 때문이다.

  낙하산 인사에 대한 반대심리는 여기서부터 출발한다. 외부의 힘에 의해 누군가가 조직에 파고들었을 때 조직원들은 자존심에 상처를 입고 적개심을 드러낸다. 그래서 백그라운드를 동원해 승진할 경우 큰 위험이 따르는 것이다.

 세상에 비밀이란 없다. 백그라운드를 동원하는 순간, 그 소문은 회사 전체에 빠른 속도로 퍼져나가게 된다. 승진에 성공하든 그렇지 않든 결과는 마찬가지다. 당신은 낙하산을 탔다는 오명과 동료들의 차가운 시선을 감내해야 한다.

 그렇게 될지라도 승진을 원한다면 백그라운드를 동원하라. 내가 이 책의 첫머리에 쓴 말이 바로 목숨을 걸라는 것이었다. 생각하기에 따라 동료들의 차가운 시선쯤은 낙오자가 되어 슬픔에 젖을 때의 초라함에 비한다면 아무것도 아닐 수 있다.

 실제로 나의 동료 중에 백그라운드를 통해 승진한 경우가 있었다. 생존경쟁에서 이겨야 한다는 생각 때문에 그는 어려운 결정을 내리고 백그라운드를 동원했다고 들었다. 이후 그는 회사에 나도는 소문으로 많이 괴로워했다.

 워낙 친한 사이였지만 나는 위로해줄 수가 없었다. 그가 한 행동의 결과는 스스로 이겨내야만 하는 것이었다. 동료들 사이의 소문을 들을 때마다 그는 몸을 가누지 못할 정도로 술을 마시며 자신을 혹사했다. 이겨내기를 기다렸으나 그는 시간이 지날수록 점점 더 나락으로 빠져들었다.

더 이상 지켜볼 수가 없어 나는 그를 찾아가 이런 이야기를 해주었다.

"괴로운 것 안다. 하지만 승진에서 누락됐다면 너는 이보다 더 차가운 시선을 맛봤을 거야. 어떤 선택이 옳았는지에 대해서는 말하지 않겠다. 어쨌든 너는 승진했고 남들의 차가운 시선은 곧 가라앉을 거야. 이렇게 네 행동을 후회하기만 할 거라면 차라리 회사를 그만둬. 네가 이런 모습을 보이면 동료들이 너를 더 경원시할 거야. 의연하게 대처해. 네가 쓴 방법도 사람이 살아가는 방법 중의 하나였어."

그는 마음을 가다듬고 새로운 각오로 회사생활에 뛰어들었고 지금은 회사의 한 축에서 중견간부로 당당하게 자신의 위치를 다져가고 있다.

여기에서 한 가지 꼭 생각해볼 것이 있다. 만약 그가 승진조차 하지 못했다면 어땠을까? 정말 생각하기도 싫은 결말이겠지만, 더 이상 직장생활을 하지 못할 정도로 큰 타격을 입었을 것이다.

그렇기 때문에 백그라운드라는 칼을 빼들겠다는 마음을 쉽게 가지면 안 된다. 만약 더 이상의 방법이 없어 이 칼을 빼들었다면 반드시 성공해야만 한다. 대강이라는 말은 절대 통하지 않는다. 그동안 승진에 대해 태만했던 당신이 마지막으로 위험한 백그라운드를 선택했으면 그만큼 총력을 기울여야 한다.

그렇게 했는데도 백그라운드를 확실하게 잡지 못했다면 깨끗하게 승진을 포기하는 것이 옳다. 미련을 버리지 못하고 섣불리 움직였다가는 아무것도 얻지 못하고 매장되는 수가 있기 때문이다.

백그라운드를 공략하는 법칙

어떤 경로를 통해 백그라운드가 당신의 청탁을 받았을 때 보이는 반응은 세 가지로 생각해볼 수 있다.

첫째, 무시하거나 아랫사람을 통해 회사 측에 의사를 전달한다.
둘째, 생색만 낸다.
셋째, 적극적으로 직접 나선다.

백그라운드는 당신을 승진시켜야 하는 충분한 이유가 있어야만 적극적인 움직임을 보인다. 그리고 그렇게 만드는 것이 바로 당신의 할 일이다. 그렇다면 그들을 움직이는 원동력은 무엇일까?

부담감. 그들에게 부담을 지우는 것이 이 방법의 핵심이다. 구체적인 방법은 수도 없이 많으나 크게 보았을 때 결국 두 가지로 압축된다. 돈을 동원하는 방법과 인맥을 동원하는 방법. 그러나 여기에도 전략이 필요하다. 어떤 정신 나간 사람이, 누가 대뜸 가져다주는 돈을 꿀꺽 받아먹고 좋다고 할 것이며 가깝지도 않은 이의 부탁을 들어준단 말인가.

그래서 백그라운드를 공략하는 데도 반드시 치밀한 계획이 필요하다. 그렇게 하지 못할 경우에는 앞에서 설명한 첫 번째와 두 번째 결과가 나타난다. 즉 실패로 돌아가는 것이다.

7의 법칙을 다시 상기해보라. 먼저 목표 대상을 정하고 그에 대한 접근경로를 결정한다. 인맥을 구축할 때와 마찬가지로 그의 취미와 성격, 가족관계 등 모든 것을 파악해야 한다. 강점과 약점을 분석해서 어떤 것이 그에게 통할 수 있을지를 철저하게 집어내고 그에게 가장 직접적인 영향력을 미치는 인물이 누구인가를 알아내는 것 또한 기본 중의 기본이다.

  그런 과정을 거쳐 전략이 결정되면 본격적으로 행동에 나선다. 마지막 기회이니만큼 자존심은 땅속에 깊이 묻고 망설임도 버리라. 총알이 아깝다는 생각은 추호도 해서는 안 된다. 여기에 모든 것을 걸었으니, 이제 뒤를 돌아보는 순간 죽는다는 것을 명심하라.

  각 단계를 이행할 때마다 상대의 분위기와 상황을 면밀히 체크하고 그에 맞추어 전략을 새롭게 짜야 한다. 그래야만 당신은 그에게 부담감을 심어주어 세 번째 행동을 하도록 만들 수 있다.

  이번 장은 쓰면서도 상당히 많이 고민을 했다. 백그라운드는 분명 큰 유혹이 담긴 단어임에 분명하다. 누구나 꿈꾸는 절대적인 마력을 지닌 존재이지만 부작용이 너무 크기 때문에 권하고 싶지 않은 방법이기도 하다. 절망에 빠진 사람이 마지막 승부를 위해 사용하는 히든카드이며, 모든 것을 걸고 한판 승부를 내는 도박과도 같은 것이 바로 백그라운드다. 최후의 패를 던진 후에도 한동안 자책감에 허우적거려야 한다.

당신은 이 책을 읽으며 스스로 해야 할 일과 앞으로의 계획을 생각해보았을 것이다. 어떻게 해야 하는지 충분히 알면서도 실행하지 못해 이 마지막 패를 꺼내는 어리석음을 저지르지 않게 되기를 바란다. 열정과 의지만 충만하다면 이 책의 앞에서 제시한 것들을 충분히 해낼 수 있을 것이다.

정도를 걷는 자는 아무것도 두렵지 않으며, 최선을 다한 자는 결과와 상관없이 후회하지 않는 법이다.

Part 13
승진, 또 다른 도전의 시작

드디어 A기업의 부장 승진 심사날이었다. 아침 일찍 출근한 윤 차장은 평소와 다름없이 책상에 서류를 꺼내놓았지만 일이 손에 잡히지 않아 그저 멍하니 앉아만 있었다.

승진 심사는 오후 2시부터 시작될 예정이었다. 지금쯤이면 심사위원으로 비밀리에 내정된 사람들이 지방에서 올라오고 있을지도 모른다. 시간이 지날수록 가슴이 답답하고 정신이 몽롱해졌으나 윤 차장은 자리를 뜨지 않았다.

승진 심사가 있는 날이면 회사의 분위기는 비상체제로 돌아선다. 모든 관심이 승진 심사에 몰려 있으니 누구든 일이 제대로 될 리가 없다. 승진 대상자들은 자기들끼리 모여 앉아 답답한 마음을 진정시키기 위해 노력하고, 다른 사람들 역시 삼삼오오 모여 누가 승자가 될지를 점친다.

누가 심사위원에 포함되느냐에 대해서도 온갖 소문이 난무한다. 여기에 따라 대상자들의 생사가 갈리기 때문이다. 모두들 자신과 가까운 임원이 심사위원을 맡기를 학수고대하지만 그저 속으로 빌 수밖에 없다. 심사위원은 임원 가운데서 무작위로 선발하기 때문에 누가 될지를 사전에 안다는 것은 불가능한 일이다.

점심시간이 끝나자 사무실 공기는 더욱 무겁게 가라앉았다. 재무처 직원들은 윤 차장의 얼굴을 흘깃거리기만 할 뿐 섣불리 다가와 말을 붙이지 못했다. 일류대학 출신들이 바글거리는 A기업에서 윤 차장은 비주류 중에서도 완전한 비주류에 속하는 사람이었다. 그의 이름은 유력한 승진 후보 명단에 들어 있지 않았다.

이 때문에 재무처 직원들은 더욱 윤 차장의 눈치를 볼 수밖에 없었다. 그의 초조함과 두려움을 그들도 피부로 느끼고 있었던 것이다. 윤 차장은 직원들의 행동에 신경 쓰지 않고 자리에 앉아 있었다. 그렇게 침묵 속에 30분 정도가 흐른 뒤 고개를 묻고 있는 그에게 박 차장이 다가왔다.

"선배님, 심사위원단이 결정되었습니다."

"그래?"

"여기 명단을 보시죠."

박 차장이 내민 종이에는 휘갈겨 쓴 이름들이 늘어서 있었다. 모두 여덟 명의 사람들. 기획실장을 포함해서 홍보이사, 사업관리이사, 경남본부장등이 적혀 있었으나 윤 차장이 소속된 재무이사의 이름은 없었다.

어쩔 수 없는 한숨이 입술을 비집고 흘러나왔다. 직속상관인 재무이사가 위원단에 포함되지 않았다는 것은 엄청난 마이너스 요인이다. 박 차장은 윤 차장의 눈치를 보며 어렵게 입을 열었다.

"윤 차장님, 저녁에 소주나 한잔 하시죠."

"괜찮아. 저녁에는 집에 일찍 들어갈 거야."

"그래도…."

"걱정하지 마. 그리고 고마워."

안타까운 시선을 보내는 박 차장의 어깨를 윤 차장이 웃는 얼굴로 두드려주었다. 이런 동료들이 있으니 하나도 두려울 게 없었다. 아마 다른 사람들도 박 차장과 같은 마음일 것이다.

진급에서 탈락하는 한이 있어도 후회하지 않을 자신이 있었다.

어느덧 저녁 6시가 다가오고 있었다. 심사에 들어간 지 벌써 네 시간째였다. 근래에 보기 힘들 정도로 유난히 긴 심사였다. A기업은 심사가 완료되면 사장의 결재를 거쳐 바로 사내방송을 통해 결과를 공개하는 전통이 있었다.

선배들의 말을 들어보면, 사내 방송실 직원의 목소리가 마치 출전가처럼 우렁차게 들려온다고 했다. 승진에 성공한 사람도, 실패한 사람도 자신의 운명을 좌우하는 그 목소리에 비장한 심정으로 귀를 기울이게 된다는 것이다.

사무실 직원들은 모두 자리에서 꼼짝하지 않은 채 결과를 기다리고 있었다. 재무처뿐만이 아니라 20층 건물의 A기업 본사, 열다섯 개의 지역본부, 63개의 지사, 해외에서까지 결과에 주목하고 있을 것이다.

'딩, 동, 댕!'

사내방송의 예령이 울려 퍼진 것은 잔뜩 긴장한 윤 차장이 화장실에 다녀올 때였다. 그는 사무실 한복판에 서서

한 발자국도 움직일 수가 없었다. 갑자기 거대한 올가미가 몸을 꽁꽁 옭아맨 것처럼 손끝 하나 까딱할 수 없었다.

이번에 승진할 인원은 모두 12명에 불과했고 대상자는 그 열 배인 120명이었다. 결코 쉬운 싸움이 아니었으나 그는 끝끝내 준비한 백그라운드를 쓰지 않았다. 2개월간의 노력 끝에 회사의 최대주주인 양환국 씨를 백그라운드로 만들었으나 마지막 순간 강 부장과 상의 끝에 그를 동원하지 않았다.

승진자의 이름이 사내방송을 통해 하나씩 호명될 때마다 해당 부서의 직원들이 내지르는 환호성으로 A기업 건물이 들썩거렸다. 드디어 열한 번째 이름이 호명되었다.

"재무처, 윤, 철, 영!"

쥐죽은 듯했던 사무실이 술렁대기 시작하더니 곧이어 벼락같은 환호성이 터져나왔다. 전혀 기대하지 않고 있던 재무처 직원들은 윤 차장의 이름을 듣고 처음에는 믿기지 않는다는 듯한 얼굴을 하고 있다가 곧이어 괴성을 지르며 윤 차장을 향해 뛰어왔다.

윤 차장은 구름 위에 떠 있는 것처럼 아무런 느낌도 없었다. 정말 자신의 이름이 맞나 싶었다. 뺨이 축축하게 젖

어와 자신도 모르게 손을 들어 얼굴을 만졌다. 어느새 윤 차장의 눈에서는 진한 눈물이 흘러나오고 있었다. 직원들은 윤 차장을 에워싸며 저마다 축하의 말을 전했다. 한꺼번에 수십 명의 고함이 뒤섞여 무슨 소리인지 알아들을 수는 없었으나 그들의 진심은 충분히 전해져왔다.

한참 동안 그를 둘러싸고 있던 직원들이 각자 자리로 돌아간 후, 재무부장이 다가와 윤 차장의 어깨를 툭툭 치며 손을 내밀었다. 그 손을 윤 차장은 말없이 꽉 쥐었다. 이번 승진에 있어서 그가 얼마나 열심히 뛰어주었는지 잘 알기에 힘이 잔뜩 들어간 윤 차장의 손은 부르르 떨렸다.

"윤 차장, 축하해."

"감사합니다."

"조금 있다가 이사님께서 들어오실 거야. 가서 인사하도록 하고."

"그러겠습니다."

재무부장은 다시 한번 그의 어깨를 두드린 후 무슨 일이 있는 듯 급히 사무실을 나섰다. 그러자 박 차장이 다가와 입을 열었다.

"선배님, 먼저 형수님께 알려드려야죠."

"그래, 그래야지."

윤 차장은 그제야 정신을 차린 듯 자리로 돌아가 수화기를 들었다. 신호는 오래가지 않았고 아내의 경직된 목소리가 금방 튀어나왔다.

"여보, 나야."

"어떻게 됐어요?"

"나… 승진했어."

"정말이에요?"

"그럼, 지금 막 발표가 났어."

"…."

아내는 차마 말을 잇지 못하고 울음을 터트렸다. 오랜 시간의 기다림이 마침내 끝을 맺은 순간이었다. 아내와의 통화를 마친 후 윤 차장은 눈을 감았다.

그동안의 일들이 하나둘 떠오르기 시작했다. 기획실장을 만나기 위해 집 앞에서 다섯 시간 동안 추위에 벌벌 떨며 기다렸던 일, 각종 행사를 챙기느라 아내와 아들을 두고 집을 비워야 했던 일, 자괴감과 실망감에 빠져 고주망태가 되도록 술을 마셨던 일들이 머릿속을 어지럽혔다. 다시 하고 싶지 않을 만큼 혼신의 힘을 기울인 힘든 경험이었다.

  이 모든 것은 강 부장이 있었기에 가능한 일이었다. 참 고마운 사람이었다. 요란하게 울리는 전화벨에 수화기를 들자 인사를 하기도 전에 강 부장의 쩌렁쩌렁한 목소리가 들려왔다. 아무튼 양반은 아닌 모양이었다.

"윤 차장, 축하한다."

"형님, 정말 고맙습니다."

"나중에 술이나 한잔 사. 정신없지?"

"예. 그러네요."

"하하하, 그래 정신없을 거다. 하지만 정신 차리고 내가 하는 말 잘 들어."

"말씀하십시오."

"게임은 아직 끝나지 않았다."

"무슨 말씀입니까?"

"지금부터 진짜 게임이 시작되었다고 생각해라. 앞으로의 네 행동이 중요하단 말이야."

직장인에게 있어 승진이란 어떤 의미일까? 간절한 소망이며, 또한 자신을 한 단계 발전시킬 수 있는 계기다. 그렇기에 승진의 꿈을 이룬 사람은 동료들의 부러움을 한 몸에 받게 된다.

승진은 끝이자 새로운 시작이다. 즉 승진은 새로운 승진을 위한 출발점이다. 많은 사람들이 승진의 기쁨에 취해 자신도 모르게 긴장감을 내려놓곤 한다. 하지만 현실에 안주하는 시간이 길어진다면 당신은 지금까지 갈고 닦았던 모든 성과를 처음부터 다시 만들어야 될지도 모른다. 승진을 위해 닦아놓은 인맥을 줄기차게 관리하고, 평판이 흔들리지 않도록 계속 노력해야 한다. 그래야만 새로운 도전에 직면했을 때 수월하게 그 벽을 뛰어넘을 수 있다. 승진을 했다고 현실에 안주할 때 고민하고 괴로워하던 예전의 상황으로 되돌아가게 된다는 것을 명심하라.

패자를 포용하는 관용을 가지라

노력의 결과가 승진으로 나타났을 때 어떤 사람은 교만에 빠져 주위를 돌아보지 않는 실수를 하기도 한다. 세상은 혼자 살아가는 것이 아니다. 당신이 행복해하는 순간 경쟁자였던 또 다른 어떤 이는 피눈물을 흘리고 있다는 사실을 잊으면 안 된다. 그들의 고통과 슬픔을 위로하는 지혜가 필요하다.

어떤 면에서 봤을 때 승진은 진흙탕 싸움과도 같다. 상대방을 비방하기도 하고 자신에게 유리한 상황을 만들기 위해 헛소문도 만들어낸다. 그런 과정에서 승진 대상자들은 서로 간에 격한 감정을 품게 되는 경우가 비일비재하다. 어떤 사람은 이 기간 동안 가졌던 악감정을 풀지 못하고 승진 후 자신의 지위를 이용해서 상대방을 내리누르곤 한다.

이것은 정말 피해야 할 일이다. 당신뿐만 아니라 그 사람도 최선을 다해 싸웠다. 피 흘리는 전쟁터에서도 승리한 후 포로로 잡힌 적군을 함부로 죽이지 않는 법이다. 승진이라는 전쟁에서 일어난 일 때문에 감정의 찌꺼기를 버리지 못하고 상대를 계속 억압한다면 당신은 곧 실패의 길에 들어서게 될 것이다. 당신이 먼저 그들에 대한 감정을 풀어버리지 못한다면 그들 역시 당신의 성공을 질시하며 적대감을 버리지 않을 것이다.

돌고 도는 것이 세상이라는 말이 있다. 비록 지금은 그들이 당신에게 밀려 승진하지 못했다 해도 앞으로도 계속 그러리라는 보장이 없다. 그들을 적으로 만드는 실수를 하면 안 된다. 사람은 자신이 가장 아프고 힘들었던 때를 잊지 못하는 법이다. 실의에 빠진 그들에게 칼을 들이민다면 그들은 당신을 영원한 적으로 삼아 이를 갈다가 기회가 오는 순간 당신을 나락으로 빠뜨리기 위해 최선을 다할 것이다.

패자를 포용하는 관용을 가지라. 승진에 성공한 당신이 먼저 겸손한 마음으로 그들을 위로해야 한다. 그랬을 때 그들도 그동안의 경쟁심과 적대감을 버리고 당신의 우군이 될 것이다. 자신을 한껏 낮추고 새로운 환경에 적응해 나가는 지혜가 필요하다.

직위에 맞는 리더십을 갖추라

승진으로 인해 사회적인 지위와 직장 내에서의 위상은 급격하게 바뀐다. 직위가 사람을 바꾼다는 말이 그래서 있는 것이다. 이제 당신은 더 많은 직원들을 통솔해야 하고 직장 내부와 외부에서 더 많은 관계를 맺어야 한다. 한 단계 높이 올라갈 때마다 당신은 그에 걸맞은 리더십을 갖추어야 한다.

차장 때 갖추어야 하는 덕목과 부장이 갖추어야 하는 덕목은 분명히 다르다. 차장의 위치에 있을 때는 일을 잘하는 게 우선이었지만 부장의 위치에서는 직원들을 잘 다스려 회사가 바라는 성과를 이끌어내는 것이 더욱 중요하다. 그러기 위해서는 직원 개개인의 신상명세와 애로사항을 점검하고 장·단점을 분석하여 적절한 업무분담과 목표를 세우는 과정이 필요하다.

어떤 사람들은 승진한 후에도 그전에 했던 일들을 답습하기도 한다. 자신의 과거 시절을 떠올리며 직원들에게 그와 똑같이 일해주기를 강요하는 상사는 소위 '뒷담화'를 각오해야 할 것이다. 당신은 더 이상 계산기를 두드리는 실무자가 아니라 직원들을 통솔해야 하는 위치에 올라섰음을 항상 머릿속에 새기라. 유능한 상사는 부하직원의 일에 사사건건 간섭하는 것이 아니라 더 큰 안목으로 훌륭한 성과를 이끌어낸다는 것을 잊지 말자.

Golden Rule 13

승진은 새로운 승진을 위한 출발점이다. 승진을 했다고 현실에 안주할 때 고민하고 괴로워하던 예전의 상황으로 돌아가게 된다.

글을 마치며

　나의 승진에 대한 이야기는 여기까지다. 여기 쓴 것 이외에도 더 많은 얘깃거리가 있지만, 내 개인에 한정된 내용은 가급적 쓰지 않으려고 했다. 이 책의 내용에 대해서 많은 사람들이 공감하며 고개를 끄덕일 것이라 생각하지만 처한 상황에 따라 수긍하지 못하는 사람도 있을 것이다. 하지만 한 가지 확실한 것은, 대한민국에서 살아가는 직장인이라면 언젠가 이 글이 피부에 현실로 와 닿는 순간이 반드시 올 거라는 것이다.
　마지막으로 승진의 일곱 가지 조건을 정리하며 글을 맺는다. 이 책이 당신의 승진에 도움이 되길 진심으로 기원한다.

승진에 필요한 일곱 가지

1. 【꿈】 비전이자 목표. 자신이 진정 무엇을 하고 싶은지 찾아내고 목표를 분명히 정한 것이 바로 꿈이다.
2. 【끼】 타고난 능력. 이것은 자신만의 재능이나 주된 무기를 뜻한다. 어떤 꿈을 이루기 위해서는 직장의 분위기를 잘 읽은 후 반드시 차별화된 끼를 발굴해내야 한다.
3. 【꾀】 기획력. 무엇을 어떻게 진행할 것인가를 구상하여 성공으로 가는 설계도를 그리는 작업이다.
4. 【끈】 과거엔 끈이라고 하면 부정적인 의미의 '빽'이나 연줄을 뜻했다. 하지만 이제는 인간관계와 폭넓은 사회성을 가리킨다. 즉 새로운 인맥을 뜻하는 '공존지수'라 할 수 있다.
5. 【깡】 실행력 또는 추진력이 깡이다. 구상에 머물지 않고 몸으로 부딪쳐 실제에 적용시켜보는 단계다. 이 단계에서는 배짱과 오기가 필요하다.
6. 【꼴】 친밀한 얼굴, 개성 있는 이미지, 깔끔하고 세련된 복장, 새로운 흐름을 이끄는 감각. 꼴은 이 모든 것을 의미한다.

7. 【꾼】 전문가 정신을 의미한다. 자신의 장점을 파악하고 다양한 아이디어로 무장해 스스로 성장해나가야 한다.